Darstellung einer Tierherde auf einem Fels im südostalgerischen Tassili-n'Ajjer-Gebirge

HOLGER SONNABEND

# HÖHLEN MALEREI

## Glanzlichter der frühzeitlichen Kunst

BEBRA VERLAG

# AM ANFANG WAR DAS WILDSCHWEIN

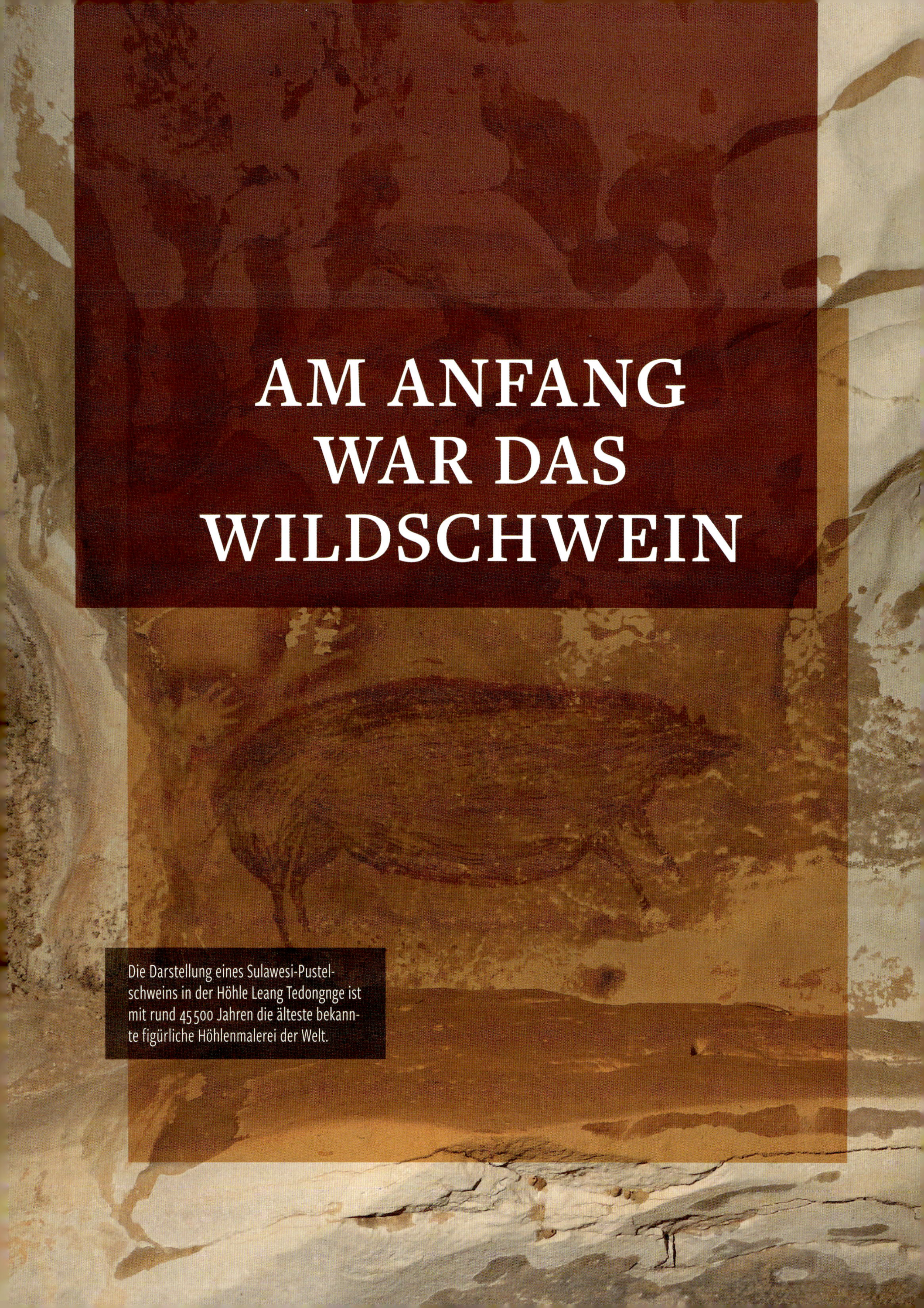

Die Darstellung eines Sulawesi-Pustelschweins in der Höhle Leang Tedongnge ist mit rund 45 500 Jahren die älteste bekannte figürliche Höhlenmalerei der Welt.

Die Steinzeit produziert eher selten Schlagzeilen. Da müssen schon Sensationen wie die Entdeckung von Ötzi, dem „Mann aus dem Eis“ passieren, um dieser frühen Phase der Geschichte Interesse abzugewinnen. Anfang 2021 ging eine Nachricht durch die Presse und alle wichtigen Medien, die wieder einmal genügend Aufmerksamkeitspotenzial hatte: Auf der indonesischen Insel Sulawesi war in einer Höhle ein Wandgemälde entdeckt worden. Es zeigt eine Gruppe von Wildschweinen, genauer: Sulawesi-Pustelschweinen, einer Spezies, deren Bekanntheitsgrad in der Öffentlichkeit bis dahin eher begrenzt war. Überraschend, ja eine Sensation war die genaue zeitliche Bestimmung: Zumindest eines der mit rotem Ocker aufgetragenen Pustelschweine war vor 45 500 Jahren gemalt worden und darf für sich beanspruchen, das älteste Tierbild der Menschheitsgeschichte und die älteste figürliche Darstellung der Welt zu sein.

Das älteste Kunstwerk dieser Art ist vermutlich eine 73 000 Jahre alte Darstellung aus der Blombos-Höhle in Südafrika: eine ebenfalls mit Ockerfarbe in einen Stein gekritzelte Zeichnung. Altersrekorde haben in der Höhlenmalereiforschung jedoch in der Regel nur ein kurzes Haltbarkeitsdatum. Immer neue Funde und immer neue Forschungsmethoden bereichern das Spektrum des Wissens über diese frühen kreativen Ausdrucksformen des Menschen enorm. Es lohnt sich daher, auf aktuelle Meldungen mit Neuigkeiten aus der Steinzeit zu achten. Per Zufall oder durch geplante, systematische Forschungen kommen immer wieder prähistorische Hinterlassenschaften ans Tageslicht. Erst vor Kurzem wurden im Osten Spaniens, in der Nähe von Valencia, in der schon länger bekannten Höhle Cueva Dones mehr als 100 Bilder und Ritzzeichnungen entdeckt, deren Alter vorbehaltlich weiterer Untersuchungen auf 24 000 Jahre angesetzt werden kann.

Wenn man sich fragt, woher wollen die Forscher eigentlich wissen, wie alt ein solches Höhlenbild ist, dann lautet die Antwort: Uran-Thorium-Datierung. Uran-Isotope zerfallen radioaktiv in Thorium, und dieser Zerfall spielt sich in messbaren Zeiträumen ab. Den Schlüssel zur Datierung liefern Karbonatkrusten auf den Farbpigmenten. Kalkablagerungen lassen sich bis zu einem Alter von 500 000 Jahren mit erstaunlicher Präzision bestimmen.

Das vorliegende Buch präsentiert die 15 bedeutendsten Fundstätten prähistorischer Höhlenmalerei aus vier Kontinenten (Europa, Asien, Afrika, Südamerika). Allein diese breite Streuung ist schon bemerkenswert: Höhlenmalerei war ein globales Phänomen. Damit sind bereits zwei Gesichtspunkte genannt, die bei der Auswahl der Stätten Pate standen: die geschichtliche Bedeutung und die geografische Spannbreite. Auch zeitlich ist der Rahmen weit gedehnt. Die vorgestellten Fälle reichen von der Altsteinzeit, dem Paläolithikum, bis zur Jungsteinzeit, dem Neolithikum. Sie repräsentieren dabei auch die Vielfalt der verwendeten künstlerischen Motive und die Entwicklung der Farb- und Maltechnik.

Wie aber sehen die prähistorischen Fundstätten heute aus? Kann man sie besichtigen? Und was wird für ihren Schutz getan? Auch diese Fragen stehen auf der Agenda eines Buches, das die faszinierende Welt der prähistorischen Menschen und ihrer Höhlenmalerei unter allen wichtigen Aspekten einfängt und gleichzeitig in Bezug setzt zu dem, was wir heute über das Leben der Menschen in der damaligen Zeit wissen.

## Haben Steinzeitmenschen in Höhlen gelebt?

Eine immer noch verbreitete Vorstellung von der Steinzeit ist, dass die Menschen in Höhlen lebten – als die sprichwörtlichen „Hohlenmenschen“. Die Vorstellung von der Höhle als Behausung ist jedenfalls definitiv falsch. Wer lebt schon gern in einer Höhle? Höhlen sind feucht und kalt. Zu den vielen praktischen Fähigkeiten der damaligen Menschen gehörte das Talent, sich eine zwar aus heutiger

Mit Ockerfarbe eingeritzte Steintafel aus der südafrikanischen Blombos-Höhle

Sicht nicht gerade komfortable, aber eben doch einigermaßen wohnliche Behausung zu schaffen. Die Unterkünfte der Steinzeitmenschen bestanden aus Zelten, meist aus Kiefern und Birken gefertigt und mit den Fellen von Tieren bedeckt, bevorzugt – sofern vorhanden – von Rentieren und Bisons. Von diesen Zelten gibt es heute so gut wie keine Spuren mehr, weswegen man früher glaubte, die Menschen der Steinzeit hätten als Unterkünfte Höhlen benutzt, wo sie mit den Malereien und anderen Artefakten Dokumente ihrer Präsenz hinterließen.

Höhlen dienten als Zuflucht vor Unwettern oder als Schutzräume bei Gefahren. In solchen Situationen war es sicher nicht der erste Gedanke, in aller Ruhe Bilder an die Wand zu malen. Weil Höhlen nun aber auch gerne als Gemäldegalerien genutzt wurden, müssen sie für die prähistorischen Menschen auch eine Funktion gehabt haben, die eine solche Ausstattung sinnvoll machte. So geht es in diesem Buch auch darum, Antwort(en) auf die viel diskutierte Frage zu liefern, welchen Sinn und welche Funktion die Höhlenmalereien hatten. Hierzu gibt es eine Vielzahl von Interpretationen, Hypothesen, Spekulationen. Waren es Kunstwerke, enthielten sie Botschaften, hatten sie magische Bedeutung, waren es Kultstätten und Plätze für religiöse Zeremonien – oder spielten ganz andere Gesichtspunkte eine Rolle? Die Lösung ist nicht einfach zu finden, denn die Produzenten der Bilder haben keine direkten Interpretationshilfen mitgegeben. Sie lassen einfach die Bilder sprechen. Und natürlich ist auch der Ausstellungsraum Höhle von Bedeutung – schließlich muss man erst einmal auf die Idee kommen, die Wände von Höhlen zu bemalen.

Grund zur Sorge oder gar Kapitulation gibt es, was die Decodierung des Geheimnisses der Höhlenmalerei angeht, nicht. Auch hier hat die Forschung in den letzten Jahren und Jahrzehnten, trotz vieler, weiterhin bestehender Kontroversen, erhebliche Fortschritte erzielt. Allerdings folgten die Höhlenmaler, die in Europa, Afrika, Asien und Südamerika tätig waren, nicht alle einem einheitlichen Masterplan. Und ein Maler, der vor 40 000 Jahren arbeitete, muss und wird nicht dieselben Absichten und Ziele verfolgt haben, wie ein Kollege, der 25 000 Jahre später ans Werk ging. So wird in jedem der vorgestellten Fälle einzeln zu prüfen sein, welche Funktion die jeweiligen Bilder hatten. Es gibt, wie sich zeigen wird, nicht nur die eine Antwort.

Die Höhlenbilder stammen aus der Steinzeit. Der Name für diese Epoche geht auf eine 1836 von dem dänischen Wissenschaftler Christian Jürgensen Thomsen (1788–1865) entwickelte Periodisierung der Frühgeschichte zurück, die sich an den hauptsächlich verwendeten Materialien für Werkzeuge und Waffen orientiert. So beginnt die Frühzeit der Menschheitsgeschichte mit der Steinzeit, gefolgt von der Bronze- und der Eisenzeit.

Die Steinzeit als früheste Phase umfasst einen großen Zeitraum, mit dem keine andere Periode der Geschichte auch nur annähernd mithalten kann. Nicht nur aus Gründen der Übersichtlichkeit unterscheidet man innerhalb dieser riesigen Zeitspanne zwischen Altsteinzeit (Paläolithikum), Mittelsteinzeit (Mesolithikum) und Jungsteinzeit (Neolithikum). Diese Unterabteilungen markieren auch Veränderungen in der Lebensweise und der sozialen Organisation, bedingt durch Klimawandel, Wanderungsbewegungen oder verbessertes technisches Know-how.

Ein hilfreiches Raster zur absoluten Datierung der Steinzeit, auch im Hinblick auf die zeitliche Einordnung der Höhlenbilder, bilden die folgenden Zahlen, wobei geografische Abweichungen zu berücksichtigen sind. Denn nicht überall vollzogen sich die Wandlungen und Veränderungen zur selben Zeit.

Kreative Prozesse finden nicht im luftleeren Raum statt. Das gilt auch für die prähistorische Zeit. Wer die Höhlenmalerei der Steinzeitmenschen verstehen will, muss deren Lebensweise, die sozialen, wirtschaftlichen und kulturellen Verhältnisse kennen, soweit sie sich aus dem, was sie an Zeugnissen hinterlassen haben, rekonstruieren lässt.

Die Menschen der Urzeit waren lange Zeit Nomaden. Einzeln oder in Gruppen streiften sie als Jäger und Sammler durch die Landschaft. Alles, was sie brauchten, führten sie mit sich – als Marschgepäck oder auf Tragetieren. Sie blieben so lange an einem Ort, wie es genug Nahrung gab, danach zogen sie weiter. Zwar war prinzipiell genug Platz für alle da, denn rein numerisch war die Zahl der damals lebenden Menschen überschaubar. Doch manche Orte waren wegen des reichen Vorkommens von Jagdtieren besonders begehrt. Daher kam es immer wieder auch zu Auseinandersetzungen zwischen den einzelnen Gruppen.

Vor gut 10 000 Jahren, im Neolithikum, setzt der Übergang zur dauernden Sesshaftigkeit ein. Diesen Vorgang bezeichnet die Forschung als „neolithische Revolution". Dort, wo der Boden genug Nahrung bot, ließen sich die Menschen nieder, betrieben Ackerbau und Viehzucht und bauten Häuser aus Holz und aus Lehm. Großfamilien lebten mit ihrem gesamten Clan in dörflichen Siedlungen und in entsprechend großen Behausungen. Unter den Bedingungen der Sesshaftigkeit änderte sich das Leben der Steinzeitmenschen fundamental: Neue gesellschaftliche Hierarchien bildeten sich heraus, auch die religiösen Vorstellungen wandelten sich, wie veränderte Grabsitten sowie der Opfer- und Ahnenkult zeigen.

Die frühesten Malereien entstanden in der Altsteinzeit, doch bis die ersten künstlerischen Zeugnisse entstanden, verging viel Zeit. „Kunst" stand nicht von Anfang an auf der Agenda – wenn es denn überhaupt richtig ist, in diesem Zusammenhang von Kunst zu sprechen, jedenfalls dem modernen Verständnis nach. Die Anwendung dieses Begriffs auf die kreativen Erzeugnisse der Steinzeit würde eine Vorinterpretation bedeuten und den Verzicht auf die Chance, hinter diesen Produkten auch andere Absichten und Motive zu erkennen, als etwas rein Ästhetisches, sozusagen Kunst um ihrer selbst willen abzuliefern. Doch aus praktischen Gründen wird im Folgenden auch der Begriff „Kunst" oder „Künstler" verwendet, jedoch unter der genannten Prämisse, dass hier nicht unbedingt und in jedem Fall Menschen am Werk waren, die „Kunstwerke" produzieren wollten.

Die figürlichen Darstellungen der steinzeitlichen Höhlenmalereien beginnen mit den indonesischen Wildschweinen. Tiere haben an den Höhlenwänden auch in der Folgezeit Konjunktur. Sie zählen, wie Pferde, Bisons, Rentiere und Steinböcke, zu den beliebtesten Motiven, häufig in Jagdszenen, die auch die menschlichen Jäger zeigen. Daneben gibt es abstrakte, schwer zu deutende, möglicherweise kultisch zu interpretierende Zeichen und Skizzen. Über sie gibt es in der Forschung viele Diskussionen.

Der Höhepunkt der Höhlenmalerei war die Altsteinzeit, genauer: die Phase zwischen 40 000 und 10 000 Jahren vor der heutigen Zeit. Hier gab es einen regelrechten Mal-Boom. Der Anfang fällt zusammen mit einer hohen Produktivität auch in anderen Bereichen der „Kunst". So entstand auch die berühmte Statuette der „Venus vom Hohle Fels" auf der Schwäbischen Alb zur selben Zeit.

**Altsteinzeit:**
vor 2,5 Millionen Jahren bis
12000 v. Chr.

**Mittelsteinzeit:**
12000 v. Chr. bis
8000 v. Chr.

**Jungsteinzeit:**
8000 v. Chr. bis
2000 v. Chr.

Die Felszeichnung aus den Höhlen von Cougnac in Okzitanien (Frankreich) zeigt einen Jäger auf einem Mammut.

## Das Ende der Höhlenmalerei

Das Ende der Höhlenmalerei vollzog sich mit der neolithischen Revolution. Ab 10 000 v. Chr. kam es allmählich, wenn auch nicht überall, aus der Mode, die Wände von Höhlen mit Motiven aus der Tierwelt und anderen Objekten zu bemalen. Sicher spielte dabei, neben den veränderten Lebensbedingungen an festen Wohnorten, auch der Wandel der Religiosität und der Einstellung zur Umwelt eine Rolle.

Wie arbeiteten die Steinzeitmaler? Welche Instrumente und welche Techniken kamen zur Anwendung? Auch in dieser Hinsicht gab es verschiedene Möglichkeiten. Das indonesische Wildschwein als Prototyp aller in Höhlen gemalten Tiere wurde mit rotem Ocker produziert, und Ocker blieb auch in der Folgezeit eines der beliebtesten Materialien der Höhlenmaler. Dazu kamen andere Gesteine, Holzkohle und Erze als Farbgeber, wobei bei den eisenhaltigen Erzen die Rottöne gefragt waren. Rot gehörte unter den Farben der Höhlenmalerei zu den Favoriten. Dabei wurde die Farbe aus den Steinen direkt aufgetragen oder mit Speichel oder Wasser zu flüssigen Lösungen gerührt. Zum Auftragen wurden die Finger oder Pinsel aus Zweigen und Tierhaaren benutzt.

Ein berechtigter Einwand könnte lauten: Waren die Maler in den dunklen Höhlen überhaupt in der Lage zu sehen, was sie da malten? Oder malten sie etwa auf Verdacht? Hier kann Entwarnung gegeben werden: Es gab in den Höhlen dank Fackeln aus Hölzern, die mit Kieferharzen und Tierfetten benetzt waren, Licht.

Steinzeit? Die Bezeichnung klingt antiquiert. „Steinzeit" sagt man auch gerne in der Alltagssprache, wenn man etwas als untauglich oder völlig überholt geißeln möchte. Jedoch: Es gibt einige überraschende Fakten, die das innovative Potenzial dieser frühesten Phase der Menschheitsgeschichte beleuchten und beweisen: In der Steinzeit hatte man nicht nur auf dem Sektor der Malerei die Nase vorn. Da erscheint der Begriff „Steinzeit" beinahe als Kompliment und Gütesiegel. Hier eine Zusammenstellung wichtiger Fakten, die zeigen, dass die Steinzeit schon ihre absolut fortschrittlichen Seiten hatte:

## Vier Fakten über die Steinzeit

**Fakt 1:** Der Mensch, der Homo Sapiens, stammt aus Afrika. Von dort aus machte er sich auf die Wanderschaft und stellte sich immer neuen äußeren Bedingungen und Herausforderungen. In Afrika hat er auch seine – wortwörtlich – frühesten Spuren hinterlassen. In Laetoli im Norden von Tansania sind drei Fußspuren im Schlamm konserviert. Hinterlassen wurden sie vor gut drei Millionen Jahren von zwei Erwachsenen und einem Kind. Aktuell sind keine älteren Spuren dieser Art vorhanden. Aufgrund günstiger Bedingungen haben sie die Zeiten überdauert: Sie blieben in einer Schicht aus Vulkanasche zurück, die Regen in Schlamm verwandelt hatte. Die Olduvai-Schlucht, etwa 45 Kilometer nördlich von Laetoli gelegen, gilt als die „Wiege der Menschheit", weil hier viele der ältesten Funde aus der Geschichte der Menschheit zutage traten. Ans Malen haben diese Menschen allerdings noch nicht gedacht, bis dahin sollten noch viele Jahrtausende vergehen.

**Fakt 2:** Der Steinzeitmensch war innovativ. Eine seiner größten Errungenschaften war die Erfindung des Feuermachens. Ohne die Produktion von Licht und Wärme wäre auch die Höhlenmalerei ein schwieriges Geschäft gewesen. Die ersten Feuerstellen gab es schon vor einer Million Jahren in Südafrika. Doch war der Mensch zu dieser Zeit noch nicht in der Lage, das Feuer selbst zu erzeu-

Zwei Erwachsene und ein Kund hinterließen im tansanischen Laetoli ihre Spuren.

gen. Man musste darauf warten, dass es sich in der Natur von selbst entzündete, etwa durch einen Blitzschlag. Dann gelang einem Menschen auf der Schwäbischen Alb der entscheidende Coup: Er entwickelte das erste Feuerzeug. Es versetzte die Menschen in die Lage, das Feuer nach Bedarf zu erzeugen, selbstständig für Licht und Wärme zu sorgen. Die Pioniertat fand vor etwa 32 000 Jahren statt. Der unbekannte Erfinder fand heraus, dass man Feuer entzünden kann, indem man einen Feuerstein mit einer Pyritknolle bearbeitet. Dabei sprühen Funken, die man mit brennbarem Material in Kontakt bringt, das dadurch zum Glimmen gebracht wird. Ein wenig blasen und mit trockenem Holz oder Spänen unterlegen – fertig war das Feuer!

**Fakt 3:** Steinzeitmenschen waren mobil und erfindungsreich – und in Sachen Verteilung der gesellschaftlichen Rollen schon äußerst fortschrittlich. Es gehört zu den Konstanten in der Geschichte der Menschheit, immer den Anspruch zu erheben, im Vergleich zu früheren Generationen selbstverständlich moderner zu leben und zu denken. Dahinter steht die Idee des kontinuierlichen Fortschritts von Zivilisationen. Die Steinzeit rangiert in der Kulturskala ganz unten. Wie noch im Einzelnen zu zeigen sein wird, hegte man nach der Entdeckung der imposanten Höhlenmalereien lange Zeit Zweifel, dass die Bilder von Steinzeitmenschen hergestellt worden seien. Man hielt sie anfangs für Fälschungen, weil man sich die prähistorischen Menschen trotz der wissenschaftlichen Zuweisung des an sich positiven Attributs „Homo sapiens" („vernunftbegabter, weiser Mensch") als ziemlich primitiv vorstellte, nicht in der Lage, einen Pinsel zu halten, geschweige denn, Farben zu mischen und hochwertige Bilder herzustellen. Ähnlich dachte man über die gesellschaftlichen Verhältnisse: einfach, rückständig, archaisch. Abgesehen davon, dass der Eigenanspruch der Menschheit, besser zu sein (sozial, mental und auch kulturell) als die Menschheit zuvor, problematisch ist, stimmt die Klassifizierung der Steinzeit nicht nur im Hinblick auf die künstlerischen Gestaltungsfähigkeiten mit der Realität nicht überein. So gilt es inzwischen als höchst unwahrscheinlich, dass sich der prähistorische Mann in den Kampf um die Sicherung der Ernährung der Familie stürzte und gegen Mammuts kämpfte, während die Frau zu Hause Herd und Kinder hütete. Dass es so nicht war, lässt sich neueren archäologischen Funden und Interpretationen einerseits und ethnologisch-anthropologischen Forschungen andererseits entnehmen. So wurden Gräber entdeckt, in denen sich mit Jagdwaffen ausgestattete Personen befanden, die eindeutig als Frauen identifiziert werden können. Frauen saßen nicht untätig zu Hause, sondern streiften mit der Gruppe durch die Landschaft. Dass Frauen gegen Mammuts kämpften, ist indes aufgrund ihrer physischen Voraussetzungen eher nicht anzunehmen. Bei Kleinwild griffen aber auch sie zum Speer und trugen auf diese Weise zur Ernährung der Familie bei. Und sie beteiligten sich auch am Zerlegen der Beute.

**Fakt 4:** Die Steinzeitmenschen waren Anpassungskünstler. Es gelang ihnen zu überleben und sich kontinuierlich weiterzuentwickeln, weil sie sich mit der Natur arrangierten und ihr Leben darauf einstellten. Das galt auch und besonders für das Klima. Wechselnde Hitze- und Kälteperioden bedeuteten große Herausforderungen, die von ihnen gemeistert wurden. Sie überlebten demzufolge auch die Eiszeit – genauer gesagt: die vielen Eiszeiten, die es in der Geschichte der Erde bereits gegeben hat. Die letzte Periode dieser Art begann vor 115 000 Jahren und endete vor etwa 12 000 Jahren. Die Temperaturen gingen durchschnittlich auf acht bis zwölf Grad Celsius zurück. Über den beiden Polen und den Hochgebirgen bildeten sich riesige Gletscher, auch weite Teile Nordeuropas, wie die Britischen Inseln, waren von Eis- und Schneeflächen bedeckt. In den übrigen Gebieten, in Mittel- und Südeuropa und in den südlichen Regionen Nordamerikas, war jedoch alles frei von Eis und Schnee.

# ALTAMIRA

## SIXTINISCHE KAPELLE DER STEINZEIT

Tierdarstellungen an der Decke der Höhle von Altamira

Sie zählt neben Lascaux zu den berühmtesten Stätten der Steinzeit in Europa: die Höhle von Altamira in Spanien, im Nordosten des Landes, in der Region Kantabrien, fünf Kilometer vom Atlantik entfernt. Der moderne Name hätte nicht besser gewählt werden können: Altamira bedeutet „hohe Aussicht“ oder „Blick von der Höhe“ und bezieht sich auf eine lang gezogene Hügelkette, an der die prähistorische Höhle liegt. Im übertragenen Sinn dokumentiert der Name die besondere Bedeutung der Stätte: Altamira ist sozusagen die hohe Stätte der vorgeschichtlichen Höhlenmalerei. Sie beeindruckt durch ihre schiere Größe, die reiche Ausstattung, die Qualität der 930 Bilder und auch durch eine geradezu abenteuerliche Entdeckungs- und Erforschungsgeschichte.

Ein Ruhmesblatt der Wissenschaft war Altamira zunächst nicht. Vielmehr zeigte sich hier in aller Deutlichkeit, dass sich auch tatsächliche oder vermeintliche Experten irren können. Als anerkannte, voll institutionalisierte akademische Disziplin bildete sich die Ur- und Frühgeschichte erst gegen Ende des 19. Jahrhunderts heraus. Zuvor gab es keine systematischen Grabungen wie in der Klassischen Archäologie, die sich schon früher intensiv mit den materiellen Zeugnissen der Griechen und Römer befasste. Demgegenüber steckte die prähistorische Forschung noch in den Kinderschuhen, gerade entstanden an einzelnen Universitäten die ersten Institute. Wissenschaftler, die das Alter der Erde und der Lebewesen auf Zehntausende, sogar Hunderttausende von Jahren datierten, gerieten in Konflikt mit den Dogmen der Kirche über den Zeitpunkt der Schöpfung der Welt.

## Ein Zufallsfund

So war die Entdeckung der Höhlenmalerei von Altamira auch purer Zufall und nicht das Ergebnis systematischer Untersuchungen. Die Höhle wurde im Jahre 1868 von dem Jäger Modesto Cubillas Pérez entdeckt, der Pächter auf dem Besitz der wohlhabenden Familie Sanz de Sautuola war. Er war mit seinem Hund auf der Jagd, als dieser plötzlich verschwand. Cubillas machte sich auf die Suche und hörte Gebell, das offensichtlich aus einem Raum unterhalb der Oberfläche kam. Der Hund war zwischen Felsbrocken in die Öffnung einer Höhle geraten. Da er um die historischen und naturwissenschaftlichen Neigungen seines Patrons wusste, meldete er seinen Fund an Don Marcelino, dem aktuellen Oberhaupt der Familie Sanz de Sautuola. Dieser war jedoch viel unterwegs und hatte zunächst weder Zeit noch Gelegenheit, sich um die Entdeckung seines Pächters zu kümmern, und schaute nur einmal kurz vorbei, ohne auf das Innere zu achten. Seine Leidenschaft für die Prähistorie wurde geweckt, als er auf der Pariser Weltausstellung 1878 neolithische Artefakte bewundern konnte. Was wäre, wenn er ähnliche Funde vor seiner eigenen Haustür tätigen würde?

Im Jahr darauf begann er schließlich mit der Inspektion der Höhle, die sein Pächter elf Jahre zuvor entdeckt hatte. Was er sah, war vielversprechend: Am Boden nahm er im Lichtschein der Lampe Knochen, Werkzeuge und Geweihe wahr, die sehr alt zu sein schienen. Nach oben schaute er nicht. Als er bei einem seiner folgenden Besuche der damals noch sehr engen und niedrigen Höhle seine kleine Tochter Maria mitnahm, sagte die auf einmal: „Papa, mira, toros pintados“ („Papa, sieh, gemalte Stiere“). Jetzt registrierte auch der Vater die Bilder an der 40 Meter langen Höhlendecke.

Der Vater macht bei dieser Geschichte keine gute Figur. Als stolzer Spanier verschwieg er die Umstände der spektakulären Entdeckung seiner Tochter, sprach von schwierigen Lichtverhältnissen, die ihn zunächst daran gehindert hätten, die Malereien zu bemerken. Den wahren Sachverhalt enthüllte die Tochter sehr viel später in einem Interview. Tatsächlich hatte der Vater auch noch einen entscheidenden Standortnachteil: Die Deckengemälde befanden sich in einer Höhe zwi-

Die kleine Maria bemerkte als Erste die Tierdarstellungen an der Höhlendecke.

schen 90 und 140 Zentimetern. Da hatte es ein kleines Mädchen leichter, sich genauer umzusehen, als der große Vater, der in gebückter Haltung den Boden inspizierte. Als später die Forscher und Besucher kamen, trug man den Boden so weit ab, dass auch Erwachsene sich in der Höhle bequem bewegen konnten.

Als sich die erste Aufregung bei dem Hobbyforscher gelegt hatte, machte er sich daran, die Funde zu sortieren und die Öffentlichkeit über seine Entdeckung zu informieren. Bereits 1880 veröffentlichte er die kleine Publikation *Breves apuntes sobre algunos objetos prehistoricos de la provincia Santander* (*Kurze Notizen über einige prähistorische Objekte aus der Provinz Santander*). Hier stellte er einige der Artefakte vor, auf die er in der Höhle gestoßen war – Kleinfunde wie Speerspitzen, Amulette und Werkzeuge aus Stein und Knochen. Der biedere Titel verriet nichts von der Brisanz seiner Funde. Und die Broschüre schlug auch nicht gerade ein wie eine Bombe. Zwar war die neu entdeckte Höhle für die Bewohner des Umlandes

## MARIA ÜBER DEN MOMENT DER ENTDECKUNG

„Während ich in der Höhle herumlief und hier und dort spielte, erkannte ich auf einmal Formen und Figuren an der Decke. Ich zeigte auf die Bilder, aber mein Vater lachte nur. Es dauerte aber nicht lange und er interessierte sich immer mehr dafür, hielt seine Lampe in die Höhe und konnte hier und dort ein paar Bilder ausmachen. Er befühlte die Farbe und erkannte, dass die Pigmente richtige Ölfarben waren, also gemischt mit einer fetthaltigen Mixtur. Er war so aufgeregt, dass er kaum sprechen konnte."

eine große Attraktion, sie strömten in Massen herbei und konnten dank des nun installierten elektrischen Lichtes die Bilder bewundern. Selbst der in der Nähe urlaubende spanische König Alfonso XII. schaute auf Einladung Don Marcelinos vorbei, war gebührend beeindruckt und hinterließ als Zeichen seiner königlichen Präsenz an einer Höhlenwand ein Graffito. Einem Monarchen sah man einen solchen unsachgemäßen Umgang mit historischen Denkmälern nach.

Doch die Begeisterung Fachwelt über die Funde von Altamira hielt sich zunächst in Grenzen. Fatal wirkte es sich aus, dass ausgerechnet der damals einflussreichste Prähistoriker, der Franzose Émile Cartailhac, das harsche Urteil fällte, die Bilder aus der Höhe von Altamira seien gar nicht prähistorisch. Dafür seien die Farben zu frisch, die Qualität zu kunstvoll. Andere Wissenschaftler, die wie Cartailhac die Höhle nicht selbst in Augenschein genommen hatten, legten sich fest, es müsse sich um spätere Darstellungen, vielleicht sogar moderne Fälschungen handeln. Der bedauernswerte Don Marcelino geriet sogar in Verdacht, eigens einen Maler engagiert zu haben. Cartailhac sprach vom „vulgären Streich eines Schmierers".

Doch als in der Folgezeit in der Gegend von Altamira weitere Höhlen mit Bilderschmuck zum Vorschein kamen – heute sind in der Region von Kantabrien mehr als 350 bekannt – und zudem die Funde steinzeitlicher Höhlen in Südfrankreich für Furore sorgten, begann in den gelehrten Kreisen ein Umdenken. Cartailhac wandelte sich vom schärfsten Kritiker zum leidenschaftlichsten Verfechter der Echtheit, nachdem er die Bilder von Altamira persönlich untersucht hatte. Don Marcelino erlebte seine Rehabilitierung nicht mehr: Er starb 1888, nach der Aussage der Tochter immer noch tief betroffen von dem Verdacht, ein Hochstapler zu sein.

Erst 14 Jahre später veröffentlichte Cartailhac eine bahnbrechende Studie, in der er – für einen Wissenschaftler nicht selbstverständlich – seinen Irrtum zugab, dem er 20 Jahre zuvor erlegen war. In der Folgezeit widmete er sich mit großem Eifer und Erfolg der Erforschung der Höhlenmalereien von Altamira. Altamira galt jetzt als „Sixtinische

Der Eingang zur Höhle

Kapelle der prähistorischen Kunst". Namhafte Prähistoriker beteiligten sich an der weiteren Erforschung der Höhle. Und bis heute ist Altamira ein bevorzugtes Studienobjekt der wissenschaftlichen Beschäftigung mit der Steinzeit. Dabei gilt die Aufmerksamkeit zwar auch weiterhin dem, was die Höhle an sich zu bieten hat. Naturwissenschaftliche Methoden erlauben im Hinblick auf die Datierung, aber auch auf die Stilistik präzisere Erkenntnisse, als dies zu Zeiten der Pioniere der Fall gewesen war. Weitere Studien gelten den zahlreichen Nachbarhöhlen in der Umgebung. Es war wichtig zu realisieren, dass Altamira kein singuläres Phänomen, sondern Teil eines Systems von Menschen genutzter Höhlen gewesen ist. Auf der Weltkulturerbeliste der UNESCO stehen inzwischen nicht weniger als 18 Höhlen zwischen Asturien, Kantabrien und dem Baskenland. Offiziell laufen sie unter der Bezeichnung „Höhle von Altamira und paläolithische Höhlenkunst Nordspaniens" – ein Label, das wieder zusammenführt, was einst bereits zusammengehört hat.

Die Höhle von Altamira war, wie die Untersuchungen ergeben haben, schon lange in Betrieb, bevor die Steinzeitmenschen begannen, die Wände und Decken zu bemalen. Ihre ursprüngliche Funktion bestand darin, den Menschen aus umliegenden Dörfern Schutz zu bieten – vor Unwettern, wilden Tieren, überhaupt vor Gefahren. Die Höhle von Altamira war groß genug, um eine Vielzahl von Menschen aufzunehmen – sie ist insgesamt 270 Meter lang. Die prächtigen Bilder waren nicht Teil einer einzigen großen Aktion oder eines einzigen, in sich abgestimmten Programms. Vielmehr stammen sie aus mehreren Jahrtausenden, etwa aus der Zeit zwischen 16 000 und 11 000 v. Chr., sind also hauptsächlich das Werk jenes prähistorischen Menschen, den die Forschung nach einem Fundort in der Dordogne Cro-Magnon-Menschen nennt und der in der Zeitspanne von vor 45 000 bis vor 12 000 Jahren in Europa lebte. Aus Afrika eingewandert, bildete er mit den späten Neandertalern die steinzeitliche Bevölkerung. Die Ablösung der Cro-Magnon-Kultur durch neue Populationen und die bald danach eintretende Sesshaftwerdung im Rahmen der neolithischen Revolution bildeten den zeitlichen Kontext für das Ende der Nutzung der Altamira-Höhle. Einige, jedoch nicht figürliche, Zeichen in der Höhle sind noch viel älter als die Motive aus der Cro-Magnon-Zeit. Jedoch ist die Datierung trotz der recht präzisen Uran-Thorium-Methode nicht in jedem Fall gesichert, in der Forschung kursieren unterschiedliche Varianten. Wahrscheinlich ist aber eine früheste Entstehungszeit vor 36 000 Jahren.

Was die Kritiker nach der Entdeckung der Höhle anfangs störte, gilt heute als besonderes Qualitätsmerkmal der Höhlenmalerei von Altamira: Die kreativen Kräfte, die für die Bilder verantwortlich waren, arbeiteten bereits perspektivisch und dreidimensional. So sind einige der Motive bewusst in den Hintergrund gerückt, um diesen Effekt zu erzielen. Sie nutzten bei der Herstellung dieser Wirkungen auch die natürliche Gestalt der Höhle, indem sie vorhandene Wölbungen des Felsens als Malfläche einsetzten. Und bei den dargestellten Tierfiguren stimmen immer die Proportionen – umso erstaunlicher, wenn man sich vorstellt, unter welch schwierigen Bedingungen die Bilder entstanden sind: Die Künstler mussten die Deckengemälde im Liegen anfertigen, wodurch die Bezeichnung „Sixtinische Kapelle der prähistorischen Kunst“ noch insofern eine Bedeutung erhält, als Michelangelo die berühmten Deckengemälde im Vatikan in einer vergleichbaren, wenig komfortablen Körperhaltung schuf.

Woher die steinzeitlichen Künstler diese Fähigkeiten hatten, ist unbekannt. Malschulen gab es nicht, auch keine direkten Vorbilder, also muss es sich um wahre Naturtalente gehandelt haben. Vielleicht waren die Produzenten mobile Künstler, die gar nicht aus den Gemeinschaften oder Clans im Umland der Höhle stammten. Denn angesichts der Existenz vieler Stätten mit hochwertigen Malereien wäre es schon fast Zufall, wenn es

überall so fähige Maler gegeben hätte. Für diese Annahme sprechen auch die inzwischen gewonnenen Kenntnisse über das Sozialleben der prähistorischen Menschen: Sie waren über die eigene Gruppe hinaus gut vernetzt, pflegten Kontakte, tauschten Waren, Technologien und Fähigkeiten aus. Und als man auf die Idee kam, Höhlen mit Malereien zu schmücken, waren diejenigen, die über das entsprechende künstlerische Talent verfügten, natürlich gefragte Leute.

Die steinzeitlichen Maler nutzten die Wölbungen im Fels als Malfläche und erzielten so eine plastische Wirkung ihrer Darstellungen.

## Steinzeitliche Künstler porträtierten gerne Tiere

In der Höhle von Altamira sind heute nicht weniger als 930 Bilder zu bestaunen. Die meisten zeigen Tiermotive – Bisons, Hirsche, Pferde, Steinböcke, Wildschweine, jene Tiere also, die zur Umwelt des europäischen Steinzeitmenschen gehörten und die hier eindrucksvoll reproduziert wurden. Das Prunkstück ist der Große Saal mit den polychromen, also mehrfarbigen Deckenbildern. Auf 18 Metern Länge und neun Metern Breite eröffnet sich ein faszinierendes Ensemble von Höhlenmalerei der Spitzenklasse, gezaubert aus den Farbkombinationen brauner, gelber, roter Ocker, schwarzer Manganerde und Kohle.

Auf dem Fries drängelt sich eine große Schar von Tieren. Weil sie nicht stilisiert, sondern lebensecht dargestellt sind, kann man sie leicht identifizieren. Die meisten, 27 an der Zahl, gehören der Spezies der Bisons an, dazu kommen vier Hirschkühe, ein Hirsch, zwei Pferde und zwei Wildschweine. Eine der Hirschkühe erreicht die imposante Größe von 2,25 Metern. Besonders beeindruckend ist auch der 1,40 Meter große „sterbende Bison". Die sichtbaren Tiere überlagern ältere Tierbilder – Pferde, einen Elch und einen Steinbock. Warum hat man sie entfernt? Auch hier kann man nur spekulieren. Handelte es sich um eine Inventur? Schließlich waren die früheren Bilder schon sehr alt. Wichtiger scheint anderes zu sein: Als die künstlerische Renovierung vorgenommen wurde, waren die steinzeitlichen Bewohner Kalabriens noch Nomaden. Sie wechselten häufig die Aufenthaltsorte und ließen auch die Höhlen zurück, die sie als Bildräume verwendet hatten. Sie suchten sich neue Höhlen, die sie mit neuen Motiven versahen. Und ihre alten Höhlen wurden von Neuankömmlingen in Beschlag genommen.

Viel Energie ist in die Frage investiert worden, ob die Malereien in dem polychromen Saal ein zusammengehöriges Bildprogramm darstellen oder ob es sich um eine willkürliche Ansammlung von Tierzeichnungen handelt. Sämtliche Theorien aber bleiben, wie so vieles bei der steinzeitlichen Höhlenmalerei, spekulativ. Die Anhänger der Programm-These argumentieren, dass die Bilder alle gleichzeitig entstanden seien und dass in der Anordnung der Motive eine Symmetrie erkennbar sei. Doch auch hier ist zur Vorsicht zu mahnen: Was die Steinzeitmenschen mit den Bildern beabsichtigten, welche Motivation damit verbunden war, lässt sich nicht zuverlässig rekonstruieren. Immer besteht auch die Gefahr einer modernen, subjektiven Interpretation – ein Problem, das generell für die Analyse der prähistorischen Höhlenmalerei gilt.

Nicht einfacher wird die Angelegenheit dadurch, dass die unbekannten Künstler in der Höhle noch viele weitere Bilder und Zeichen hinterlassen haben: Handabdrücke in Rot und Violett, wie sie auch aus anderen Höhlen bekannt sind (etwa im spanischen El Castillo, dazu unten), keulen- und gitterförmige Zeichen, Tier-Mensch-Gestalten im Profil. Im sogenannten Saal der Masken, der sich ganz am Ende der Höhle befindet, wirken neun, dezent mit schwarzer Farbe dekorierte Felsvorsprünge wie menschliche Gesichter, bei denen man, wenn mal will, Augen, Mund und Nasenlöcher erkennen kann.

Das alles wirkt geheimnisvoll, rätselhaft, sodass in jüngerer Zeit Deutungen Anhänger gewinnen, die in Richtung Schamanismus gehen (worüber im Kapitel über die Höhle von Lascaux ausführlich zu berichten sein wird). Jedenfalls hat Altamira in der Forschungsdiskussion schon alle Interpretationen erfahren, die im Zusammenhang mit der prähistorischen Höhlenmalerei überhaupt vorgebracht worden sind (und die auch im Folgenden als Folien der Betrachtung dienen können).

Nicht zu bestreiten ist jedenfalls, dass die steinzeitlichen Künstler gerne Tiere porträtiert haben – Tiere in verschiedenen Posen und Situationen, auf jeden Fall aber Tiere, die zu ihrer realen Lebenswelt gehörten und die ihnen in der Wirklichkeit vor allem als Jagdbeute dienten, somit für die Ernährung der Familien und Gruppen unverzichtbar waren. Schon die Wildschweine aus Indonesien, nach aktuellem Kenntnisstand die ältesten figürlichen Darstellungen aus der Steinzeitmalerei, werden im Kontext der Jagd präsentiert. Aber worin besteht die Verbindung zwischen der Jagd, die zu den täglichen Beschäftigungen der

Auch negative Handabdrücke gehören zum Inventar der Höhle von Altamira.

Jagdszene

Menschen gehörte, und der bildlichen Darstellung der Objekte ihrer Jagden? Wollten sie damit eine reiche Jagdbeute beschwören? Oder stolz die Beute präsentieren, auch, um die Überlegenheit des Menschen über so starke Tiere wie Bisons, Hirsche oder Wildschweine demonstrieren? Handelt es sich um visualisiertes Jägerlatein, wobei die Maler den Auftrag hatten zu zeigen, was die Jäger bei der Jagd erlebten?

Doch das erklärt nicht die anderen Motive, die zum Bildinventar der Höhlen zählen. Gerne bemüht man bei den künstlerischen Produktionen alter Völker auch einen religiösen oder kultischen Hintergrund. Das ist in diesem Fall gar nicht so abwegig. Der Steinzeitmensch lebte mit der Natur, die ihm in all ihren wechselvollen Erscheinungsformen geheimnisvoll und rätselhaft erscheinen musste. Die Religion liefert in solchen Fällen Orientierung, schafft Sicherheit. Frühe Gesellschaften versuchten, das Wirken und die Abläufe der Natur durch Magie, Zauberei, Beschwörungen zu beeinflussen und zu bannen. Gehörten die Bilder zu solchen Prozeduren? Fanden in den Höhlen religiöse Zeremonien statt? Handelte es sich bei ihnen um heilige Orte? Versammelten hier prähistorische Priester oder Schamanen Menschen um sich, die im Schein der Fackeln beim Anblick der Bilder an den Decken und Wänden in eine Art Trance versetzt wurden? Waren die Bilder vielleicht sogar Trancebilder und Teil komplexer kultischer Aktivitäten? Für die kultische Deutung spricht, dass Felsen und Höhlen in alten Kulturen immer eine sakrale Funktion hatten. So ließen sich Menschen in der Antike gerne in Felsgräbern bestatten, um in den Schoß der Natur zurückzukehren und den Göttern näher zu sein. Wäre es so, dürfte man, streng genommen, nicht von Kunst sprechen. Dann waren die Bilder ein elementarer Bestandteil des Lebens der damaligen Menschen.

Oder war es viel einfacher? Machen sich die modernen Exegeten und Interpreten zu schwer? Ging es vielleicht doch nur um Kunst in ihrer reinsten Form, Kunst um ihrer selbst willen? Erfreute man sich an der Schönheit der Motive? Wollte man zeigen, wie gut man als Künstler war? Handelte es sich schlicht um Verschönerungsaktionen von Höhlen? Nehmen wir diese Fragen zum Anlass, um in den folgenden Kapiteln tiefer in die faszinierende Welt der steinzeitlichen Höhlenmalerei einzutauchen.

## Altamira 2.0

Bevor die Reise zu den anderen Fundstätten weitergeht, muss darauf eingegangen werden, wie sich Altamira heute, mehr als 150 Jahre nach der Entdeckung präsentiert. Wer Altamira heute besichtigen will, muss sich – von noch zu besprechenden Ausnahmen abgesehen – mit einer Nachbildung begnügen. Diese ist allerdings äußerst gelungen, ein imposantes Altamira-2.0-Museum mit dem einzigen Makel, nicht das echte Altamira zu sein. Schon eigenartig: Ganz am Anfang waren namhafte Wissenschaftler der Meinung, die Malereien in der Höhle seien Fälschungen. Und heute zieht ein „falsches" Altamira die Massen an wie ein Magnet. Etwa 500 Meter von der ursprünglichen, nun für den Publikumsverkehr geschlossenen Höhle befindet sich ein modernes Besucherzentrum mit einer 1:1-Nachbildung des Originals. Wüsste man nicht, dass es sich um eine Kopie handelt, würde man sie für echt halten. So viel Sorgfalt wurde in die Nachbildung investiert.

Der Neubau war eine absolute Notwendigkeit. In den 70er-Jahren des 20. Jahrhunderts wurden die Stimmen immer lauter, die forderten, die Höhle für die Öffentlichkeit zu schließen und nur noch für Forschungszwecke zu nutzen. Die Besuchermassen hatten die Temperatur und die Feuchtigkeit in der Höhle kontinuierlich ansteigen lassen und das natürliche Gleichgewicht, das in der verschütteten Höhle herrschte und für den exzellenten Erhalt der Bilder verantwortlich gewesen war, gestört. Diese äußeren Einflüsse gingen ebenso auf Kosten der Qualität der Bilder wie der Ausstoß von Kohlendioxid durch die Atemluft der Besucher. So wurde 1979 die Notbremse gezogen. Die Höhle wurde für Besucher geschlossen. Konservierung und Denkmalschutz waren wichtiger als Marketing und Profit. 2001 öffnete die Filiale, und schon strömten die Touristen wieder. Der Eingang der Höhle ist dem Original täuschend ähnlich, ebenso der Saal der polychromen Malereien, dem Prunkstück der Höhle mit den beeindruckenden mehrfarbigen Tiermotiven. Kein Wunder: Die Restauratoren verwendeten bei ihrer Arbeit nur Werkzeuge, wie sie auch ihre steinzeitlichen Vorgänger zur Hand hatten.

Ein Teil von Altamira befindet sich auch in Madrid und in München – in der spanischen Hauptstadt im Archäologischen Nationalmuseum, in der bayerischen Metropole im Deutschen Museum. Beide Museen beherbergen bedeutende Nachbildungen, wobei das Museum in München durch eine photogrammetrisch erstellte Reproduktion der Höhlendecke besticht.

Seit 2014 besteht wieder die Möglichkeit, das 1985 zum UNESCO-Weltkulturerbe beförderte Original persönlich in Augenschein zu nehmen: Einmal pro Woche dürfen sich fünf Erwachsene ab 16 Jahren, die zuvor per Losverfahren ausgewählt wurden, mit einem Führer für exakt 37 Minuten in die Höhle begeben.

Die steinzeitlichen Nutzer der Höhle von Altamira hätten sich vermutlich über den ganzen Trubel sehr gewundert. Schließlich hatten sie, wie man annehmen darf, kein Werk für die Ewigkeit schaffen wollen, das noch Jahrtausende später Objekt der Bewunderung sein würde. Sie hätten auch nicht an solche Besuchermassen gedacht – die Höhle war ein abgeschiedener, von der Natur geschaffener Ort, ideal für zeremonielle Anlässe und kultische Handlungen. Doch wer kann sich schon dagegen wehren, was aus dem, was man geschaffen hat, später wird?

## BESUCHERZAHLEN

49 Jahre nach ihrer Entdeckung wurde die Höhle erstmals für Besucher geöffnet. Was anfangs noch ein Abenteuer war, gestaltete sich bald zu einem Spaziergang durch die Steinzeit. Wege, Treppe und Lampen steuerten die Gäste sicher durch das steinerne Labyrinth. 1955 wurden bereits mehr als 50 000 Besucher jährlich gezählt. 18 Jahre später sorgten schon 177 000 Menschen für prall gefüllten Kassen. Auch nach der Schließung der Originalhöhle versiegte der Strom der Touristen nicht. Jährlich kommen mehr als 200 000 Besucher, um das kopierte steinzeitliche Wunder in Augenschein zu nehmen.

# LA PASIEGA

## KLUGE NEANDERTALER UND GEHEIMNISVOLLE ZEICHEN

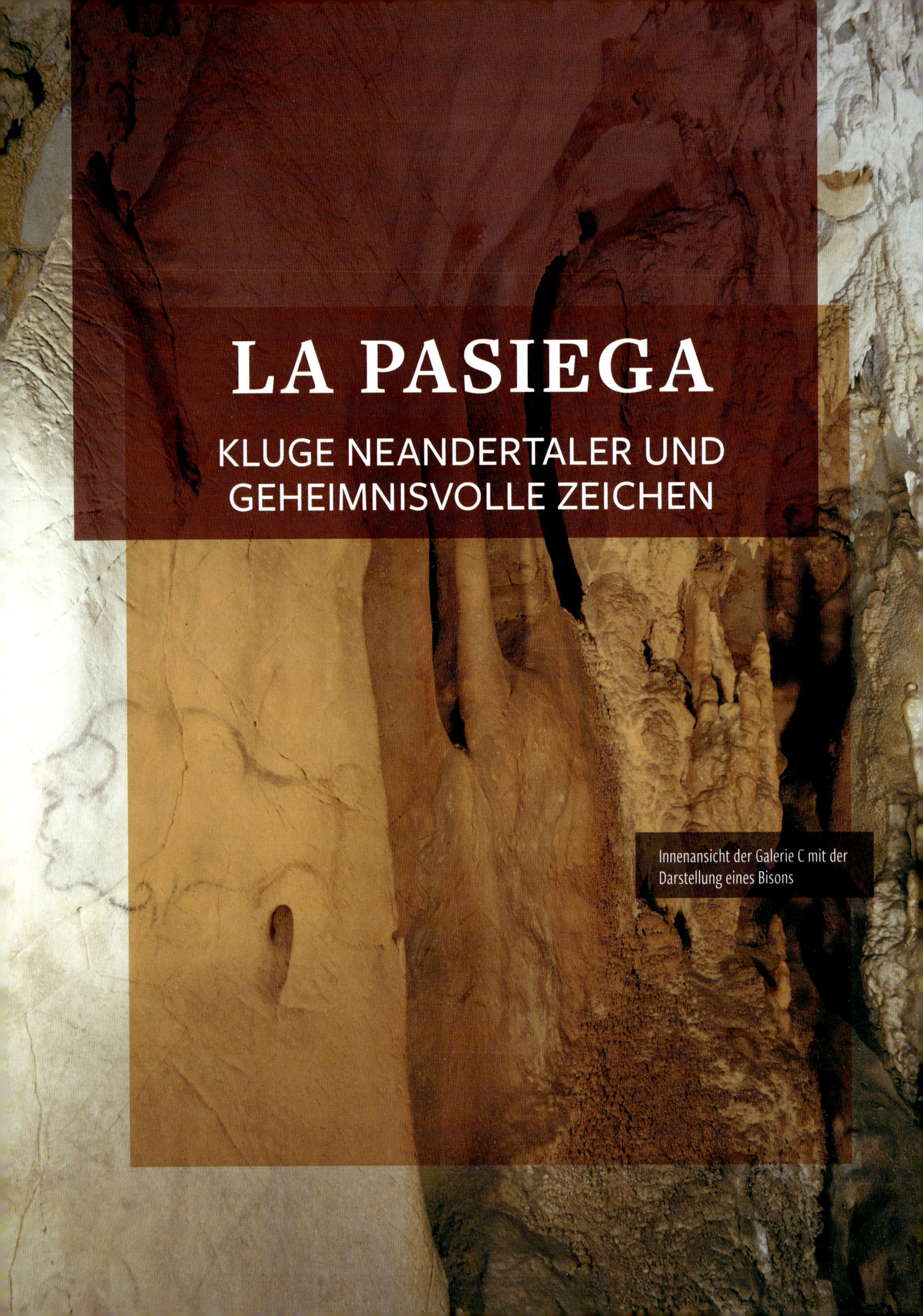

Innenansicht der Galerie C mit der Darstellung eines Bisons

Was machten Steinzeitmenschen, wenn sie nicht auf der Jagd oder auf der Suche nach weiterer Nahrung waren? Wenn sie Zeit hatten? Dann werden sie, nicht anders wir heute, der Verwandtschaft einen Besuch abgestattet haben. Für Nomaden war das kein Problem, sie waren es gewohnt, mobil zu sein. Diejenigen, die zeitweise, solange es genügend Tiere zum Jagen gab, ihre Zelte im Umkreis der Höhle von Altamira aufgeschlagen hatten, dürften häufiger die 15 Kilometer Richtung Südosten eingeschlagen haben. Dort werden sie bei mittlerem Schritttempo und einer Rast nach etwa vier oder fünf Stunden angekommen sein. In dieser Zeit erreichten sie einen Berg, heute Monte del Castillo genannt, dessen steil aufragender Kegel weithin sichtbar ist. Er erhebt sich an einem Fluss, dem Rio Pas, und liegt an der Kreuzung dreier Täler. Die Gegend rund um den markanten Berg war für die prähistorische Bevölkerung ein bevorzugter Aufenthaltsort: Die Natur bot beste Möglichkeiten für Fischerei und Jagd. Von den Dörfern mit ihren Zelten gibt es heute keine Spuren mehr, wohl aber von den Höhlen, die die Menschen als Schutzräume nutzten und deren Wände und Decken sie mit Malereien bedeckten.

Unterhalb des Monte Castillo gibt es ein labyrinthartiges System von Höhlen und unterirdischen Gängen, in denen die damaligen Menschen viele Spuren hinterlassen haben. Der Höhlenkomplex von Monte Castillo gehört deshalb zu den wichtigsten prähistorischen Fundstätten in Spanien. Vier dieser Höhlen gehören zum UNESCO-Kulturerbe „Höhle von Altamira und paläolithische Höhlenkunst Nordspaniens“: La Pasiega, Las Chimeneas, Las Monedas und El Castillo – ein wahres Fest für Höhlenforscher und -freunde, auf engstem Raum bekommt man hier beeindruckende Funde und Malereien zu sehen. Zwar begnügen sich die meisten Besucher mit der Besichtigung des Altamira-Museums. Doch lohnt sich auch ein Abstecher zu den Castillo-Höhlen, obwohl nicht alle frei zugänglich sind.

Die La Pasiega genannte Höhle ist für die Öffentlichkeit geschlossen. Nur nach vorheriger Anmeldung beim Regionalministerium für Kultur und Tourismus ist eine Besichtigung möglich. Betritt man die Höhle mit einer Sondergenehmigung, befindet man sich in einer prähistorischen Stätte, die es in Sachen Berühmtheit nicht mit dem benachbarten Altamira aufnehmen kann, aber doch einige Besonderheiten zu bieten hat, die die weitaus bekanntere Nachbarin nicht aufweisen kann.

## Die Entdeckung

Die Entdeckungsgeschichte von La Pasiega ist weniger spektakulär als die von Altamira. Die Hauptrolle spielen nicht Hunde, Jäger und kleine Mädchen, sondern ausgewachsene Wissenschaftler. 1911 stieß ein Grabungsteam um den damals 34-jährigen Regensburger Prähistoriker Hugo Obermaier auf die Höhle. Nützlich waren ihm auf seinem Karriereweg die Bekanntschaft mit dem gleichaltrigen französischen Forscher Henri Breuil, mit dem renommierten Prähistoriker Émile Cartailhac und mit Prinz Albert I. von Monaco. 1909 besuchte der Monarch zusammen mit Obermaier und Breuil die Höhle von Altamira. Zwei Jahre später erhielt Obermaier eine Professur an dem von Albert gegründeten Institut de Paléontologie Humaine. Im Jahr darauf veröffentlichte er sein umfassendes Werk *Der Mensch der Vorzeit*, bis heute ein Klassiker auf dem Gebiet der Prähistorie.

Trotz des Engagements am Pariser Institut standen die prähistorischen Stätten in Spanien weiter im Fokus von Obermaiers wissenschaftlicher Arbeit. Mehrere Jahre hintereinander führten ihn seine Studien auch in das Gebiet um El Castillo. 1911 waren Obermaier und seine Mitarbeiter mit der Erforschung der Höhle El Castillo beschäftigt, als sie über die Existenz einer weiteren, ganz in der Nähe gelegenen Höhle informiert wurden. Erste Erkundungen ergaben, dass die La Pasiega genannte Höhle Malereien enthielt. In der Folgezeit schlossen sich intensive, auch von Henri Breuil und dem spanischen Steinzeitexperten Hermilio Alcalde del Río durchgeführte Untersuchungen an, die zu dem Ergebnis führten, dass La Pasiega zu den bedeutendsten prähistorischen Fundstätten in Spanien gezählt werden musste. 1913 wurden die Resultate in einer eigenen Publikation der Wissenschaft und der interessierten Öffentlichkeit zugänglich gemacht.

Die Höhle war in der Steinzeit über sechs inzwischen verschüttete Zugänge erreichbar. Ihre Länge beträgt 120 Meter. Die Wissenschaftler haben sie in fünf Galerien aufgeteilt. Der größte Raum ist knapp 70 Meter lang. Wie Altamira weist La Pasiega einen reichen Bilderschmuck auf. Die Gemälde stammen aus verschiedenen Phasen, gehören aber mehrheitlich in die jüngere Altsteinzeit. Die Uran-Thorium-Choronologie weist auf eine Entstehungszeit zwischen 15 000 und 11 000 v. Chr. Fast könnte man meinen, dass hier dieselben Künstler wie in Altamira am Werk, was bei der Annahme, dass die Bilder wohl von mobilen Fachkräften angefertigt wurden, nicht unwahrscheinlich ist. Farben und Motive gleichen dem Inventar von Altamira. Polychrome, also mehrfarbige Bilder in Rot, Gelb und Schwarz fehlen ebenso wenig wie eingeritzte Zeichnungen von Steinböcken, Bisons, Hirschen und Pferden. Die Künstler produzierten in der Höhle von Pasiega insgesamt 700 Bilder oder Zeichen. Unter den Tierdarstellungen gibt es ein klares Ranking: Die Hirsche führen mit 100 Exemplaren vor den Pferden, die 80-mal vertreten sind, den Steinböcken (32), den Bisons (17), den Auerochsen (14) und Einzelbildern von Mammut, Ziege und Fisch.

Bei den Menschen, die diese Bilder anfertigten, handelt es sich, so nahm man lange Zeit an, um den Homo sapiens vom Typus Cro-Magnon, der die europäisch-steinzeitliche Szenerie in der vermuteten Entstehungszeit der Darstellungen beherrschte. Vor einigen Jahren traten dann Forscher des Max-Planck-Instituts für evolutionäre Anthropologie in Leipzig mit einer Mitteilung an die Öffentlichkeit, die bisherige Gewissheiten über

Der Eingang zur Höhle La Pasiega

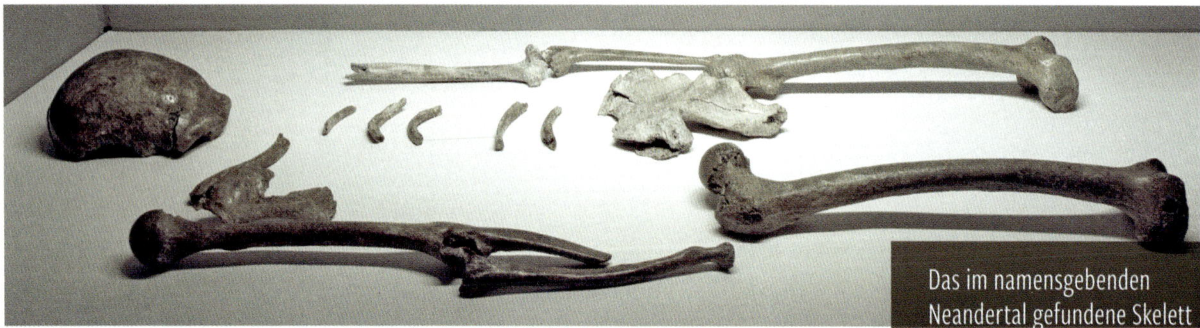

Das im namensgebenden Neandertal gefundene Skelett eines Vorzeitmenschen

die Höhlenmalerei erheblich ins Wanken brachte. Sie hatten sich eine rätselhafte Zeichnung vorgenommen: rote Striche aus Ocker, die eine Art von Leiter bilden, in den Zwischenräumen weitere Symbole und anscheinend unvollständige Darstellungen von Tieren. Eine Lösung des Rätsels, was diese Striche darstellen sollten, konnten die Forscher nicht liefern, aber eine neue Datierung. Sie untersuchten mit der Uran-Thorium-Methode Kalzitproben und kamen zu dem Ergebnis, dass die Zeichnungen erheblich älter waren als die anderen Bilder in der Höhle. Diese Botschaften aus der Steinzeit waren 64 000 Jahre alt! Zu dieser Zeit aber war der Cro-Magnon-Mensch weder in Spanien noch im übrigen Europa präsent, er kam erst gut 24 000 Jahre später. Vor Ort war jedoch der Neandertaler, für viele Menschen der Inbegriff des Steinzeitmenschen – mit den damit verbundenen Klischees rückständig, unzivilisiert, primitiv. Immer wieder und gerade auch in jüngerer Zeit ist der Neandertaler Gegenstand wissenschaftlicher Kontroversen. Diskutiert wird insbesondere das Verhältnis zwischen Neandertaler und Homo sapiens: Gibt es eine Verwandtschaft, ist der Neandertaler der Vorfahre des heutigen Menschen? Wer aber war der Neandertaler überhaupt, warum heißt er so?

## Wer waren die Neandertaler?

1856 wurden bei Steinbrucharbeiten im Neandertal bei Düsseldorf, in der Feldhofer Grotte, verschiedene Knochenreste gefunden. Besonders fiel den Arbeitern die ungewöhnlich geformte, mit dicken Überaugenwülsten versehene Schädelkalotte auf. Man übergab die Knochen dem Naturforscher Carl Johann Fuhlrott zur Untersuchung. Nur kurze Zeit später trat dieser mit dem Fund und einer geradezu revolutionären Theorie an die Öffentlichkeit: Die Knochen gehörten zu einer bis dahin unbekannten, mehrere Tausend Jahre alten Menschenform. Eine Sensation, denn zum damaligen Zeitpunkt war man unter dem Einfluss der Lehren der Kirche davon überzeugt, dass die Erde höchstens 5000 Jahre alt und der Mensch noch sehr viel jünger war. Fuhlrott erntete Hohn und Spott, blieb jedoch bei seiner Meinung. Als im Laufe der Zeit immer neue, vergleichbare Funde ans Tageslicht kamen, war er bestätigt. Heute datiert man die Skelettreste aus dem Neandertal auf ein Alter von etwa 42 000 Jahren und benennt diese Menschenform nach ihrem Fundort. Mit dem Alter von 42 000 Jahren war Neandertaler aus der Nähe von Düsseldorf jedoch recht jung, gewissermaßen eine Spätform der Spezies. Etwa 12 000 Jahre später verschwand er, nachdem er vor gut 250 000 Jahren aufgetaucht war. Seit der Erstentdeckung wurden viele neue Funde getätigt, inzwischen sind über 80 Fundorte in Europa und im Nahen und Mittleren Osten bekannt.

So beherrschten die Neandertaler bis zur Ankunft des modernen Menschen vor etwa 40 000 Jahren die prähistorische Szenerie. Sie verdankten ihre dauerhafte Präsenz der Fähigkeit, sich den jeweiligen klimatischen und ökologischen Verhältnissen anzupassen. Pragmatisch stellten sie sich den Herausforderungen des Lebens, die in erster Linie Sicherung der Nahrung bedeu-

Tektiforme Zeichen und die Darstellung eines Pferdekopfes

teten. Große Tiere waren eine ideale Jagdbeute, die ihnen nicht nur als Nahrungsmittel dienten. Aus den Fellen konnte man Zelte und wärmende Kleidung herstellen, die Knochen zu Werkzeugen verarbeiten oder verbrennen und damit als Wärmequelle nutzen. Auch die Sehnen der Tiere wurden beispielsweise zu Schnüren zum Nähen verarbeitet. Das Feuer muss der Neandertaler schon gekannt haben, auch wenn er es bislang noch nicht selbst herstellen, sondern nur, wenn ein Blitz einschlug, bewahren konnte. Ohne das Licht und die Wärme des Feuers hätte der Neandertaler jedoch nicht überleben können. Auch in Sachen Werkzeug war er einfallsreich: Aus Holz konnte er perfekt fliegende Speere herstellen, die eine Reichweite von bis zu 70 Metern hatten. Da kaum Bäume wuchsen, war Holz allerdings eher selten und wertvoll. Häufiger wurden die Knochen von Tieren für spitze Geräte verwendet. Das auch in der heutigen Wahrnehmung typische Instrument des Neandertalers war der Faustkeil. Er wurde aus einer Steinknolle in eine Tropfenform geschlagen. Der runde Abschnitt lag perfekt in der Hand, mit dem spitzen Teil konnte man zugleich bohren oder schlagen. Die Ränder waren in der Regel so scharf, dass mit dem Faustkeil auch geschnitten und geschabt werden konnte. Damit war er ein regelrechtes Universalwerkzeug. Archäologen können, wenn keine menschlichen Knochen vorhanden sind, häufig nur deshalb feststellen, dass eine Fundstelle vom Neandertaler besucht wurde, weil er sein favorisiertes Werkzeug zurückgelassen hat.

Von der Anatomie her war er robust, mit einem prägnanten Schädel, signifikanten Wülsten über den Augen und mit einem deutlich größeren Gehirn ausgestattet als sein Nachfolger. Neue genetische Untersuchungen zeigen, dass er tatsächlich mit dem Homo sapiens verwandt war, allerdings eher entfernt. Forschern gelang es 2010, die Neandertaler-DNA zu dekodieren, mit dem Ergebnis, dass maximal vier Prozent seines Erbgutes auf den Homo sapiens übergegangen sind.

Aber wie verhielt es sich nun mit der angeblichen Primitivität des Neandertalers? In dieser Hinsicht kann die moderne Forschung Entwarnung geben: Auch der Frühmensch war bereits ein soziales, Gemeinschaftsleben praktizierendes

Wesen, das sogar in der Lage war, mit seinen Artgenossen zu kommunizieren – etwa durch Gebärden und die Artikulation von Lauten.

So sah das Bild vom Neandertaler aus, als 2018 die Neudatierung der Zeichnungen aus der La-Pasiega-Höhle bekannt wurden. Es konnte, so die beteiligten Wissenschaftler, kein Zweifel bestehen: Diese Skizzen mussten das Werk von Neandertalern sein, denn sie waren es, die damals in Europa lebten. Vom modernen Homo sapiens gab es zu diesem Zeitpunkt noch keine Spur, er tauchte erst 20 000 Jahre später auf. Das war eine Sensation! Zwar hatte man sich schon länger von der Vorstellung des primitiven Protomenschen verabschiedet, aber eine künstlerische Ader hatte man dem Neandertaler nun doch nicht zugetraut. Die La-Pasiega-Höhle war plötzlich in aller Munde. Die Neandertaler waren, so hieß es, die „ersten Künstler". Und nicht nur das: Wenn sie solche Zeichnungen anfertigen konnten, mussten sie auch in der Lage gewesen sein, abstrakt und in Symbolen zu denken – eine Fähigkeit, die man ihnen bis dahin nicht zugeschrieben hatte. Denn mit der Zeichnung allein war es ja nicht getan. Es musste einen Plan geben, in der Höhle eine solche Darstellung anzubringen, der Plan musste umgesetzt werden, Farbpigmente mussten gemischt werden, und es bedurfte der Auswahl eines geeigneten Standortes.

Wie immer, wenn in der prähistorischen Forschung aufsehenerregende neue Entdeckungen publiziert werden, so gab es auch in diesem Fall Kritik. Waren wirklich Neandertaler verantwortlich für die Botschaft aus der fernen Vergangenheit? Waren sie tatsächlich begabter als gedacht? Oder war die bisherige Lehre von der Abfolge Neandertaler – Homo sapiens sapiens falsch? Der moderne Homo sapiens muss, so folgerten die skeptischen Kollegen, eben früher den Weg von Afrika nach Europa angetreten haben, also war es auch die Erstausgabe des modernen Menschen und nicht der doch so rückständige Neandertaler, der die Zeichen in der La-Pasiega-Höhle setzte. Inzwischen ist die Kritik weitgehend verstummt, denn Untersuchungen in anderen Fundstätten in Spanien – Maltravieso im Westen, Ardales im Süden – bestätigten die in La Pasiega aufgestellte Theorie. Diese Erkenntnis hat Konsequenzen sowohl für die Steinzeit im Allgemeinen als auch für die Höhlenmalerei im Besonderen: Der Weg zum begabten Menschen beginnt bereits mit den Neandertalern.

Die Erfinder der Höhlenmalerei sind die Neandertaler. Die Geschichte der europäischen Kunst (wenn dieser Begriff hier bereits angewendet werden kann) beginnt 20 000 Jahre früher als bisher angenommen. Natürlich muss einschränkend betont werden, dass unter den Neandertalern die Kunst noch in den Kinderschuhen steckte und die Zahl der Objekte im Vergleich zu den späteren Phasen der Steinzeit sehr limitiert ist.

## Die Inschrift von La Pasiega

Nicht nur wegen der Neandertaler als aktive Höhlenwandgestalter sorgte La Pasiega für Furore. Auch die sogenannte Inschrift von La Pasiega erhitzte und erhitzt weiterhin die Gemüter zumindest der Fachwelt. Es handelt sich nicht um Bilder im eigentlichen Sinn, wie sie die Höhlen gewöhnlich zieren, sondern um eine zusammengehörige Reihe einzelner Symbole, in denen einige Wissenschaftler Schriftzeichen erkennen wollen. Sie befinden sich in der so genannten Galerie B, an der linken Seite einer Felswand. Datiert wird sie auf die Zeit um 12 000 v. Chr., also in die Spätphase Höhlennutzung. Ihre Deutung und Interpretation beschäftigte einst schon Henri Breuil. Auch er dachte bereits an eine sehr frühe Schrift und mutmaßte, es könne sich um eine kodierte Nachricht handeln. Profis und Hobbyschriftgelehrte haben viel Energie und Fantasie investiert, um herauszufinden, was dieser Text zu bedeuten hat. Auszuschließen ist, dass es sich um eine sinnfreie Kritzelei handelt, denn dafür ist der Text zu markant. Offenbar handelt es sich um sogenannte Ideogramme, grafische Symbole mit einer bestimmten Bedeutung. Da es sich aber um singuläre Zeichen handelt, ist eine Entschlüsselung praktisch nicht möglich. Der Versuch, sie mit Zeichen in anderen Höhlen in Verbindung zu bringen, etwa in der französischen Marsoulas-Höhle, bleiben hypothetisch. Noch abenteuerlicher ist es, sie mit Texten und Symbolen anderer, außereuropäischer Völker zu vergleichen, etwa bei den australischen Aborigines, den vorpharaonischen Ägyptern oder afrikanischen Zivilisationen. Allen Interpretationen ist gemein, dass sie letztlich nichts wissen, nichts wissen können. Die steinzeitlichen Menschen, die die Höhle von La Pasiega nutzten, verfügten auch noch nicht über eine Sprache in der Form, dass sie sich in ein differenzierteres Schriftsystem hätte übertragen lassen können. Die frühesten bekannten, syntaktisch und semantisch ausgefeilten Schriften stammen aus viel späterer Zeit, sie entstanden um 3000 v. Chr. mit den Hieroglyphen in Ägypten und der Keilschrift in Mesopotamien.

Dennoch ist die Lage nicht völlig verzweifelt. Zwei Aspekte könnten dabei helfen, dem Geheimnis der Inschrift auf die Spur zu kommen: Erstens kann sicher davon ausgegangen werden, dass die Menschen um 12 000 v. Chr. für uns nicht identifizierbare Zeichen und Symbole als Mittel zumindest einfacher Kommunikation einsetzten. Wenn sie dieses Instrument in einer Höhle anbrachten, muss dahinter eine bestimmte Absicht gestanden haben. So kommt zweitens die Platzierung der Inschrift ins Spiel: an der linken Seite einer Felswand, dort, wo sich der Zugang zur Galerie des Hauptraumes befindet. Die Höhlen hatten für die Steinzeitmenschen viele Funktionen. Nicht die unwichtigste war eine kultische, in deren Rahmen auch, wie zu vermuten ist, die Höhlenmalereien eine wichtige Rolle spielten. Pointiert formuliert: In der La-Pasiega-Höhle wurde die Inschrift am Eingang zum Tempel angebracht, wo, wie man annehmen darf, religiöse Zeremonien stattfanden. So könnten jene Forscher recht haben, die der Inschrift die Funktion einer Warntafel zusprechen: Achtung, hier beginnt der heilige Bezirk, Zutritt nur für Befugte! Dennoch gilt: Die Mutmaßungen über den Sinn des Textes sind mindestens ebenso mysteriös wie das Original selbst.

## DER DISKOS VON PHAISTOS

Er stammt zwar nicht aus der Steinzeit, aber die Problematik ist dieselbe wie bei der Inschrift von La Pasiega. Der sogenannte Diskos von Phaistos stellt die Wissenschaft bis heute vor ein Rätsel, auch wenn es immer wieder einmal heißt, er sei entziffert. Doch keiner der zahlreichen Übersetzungsvorschläge kann wirklich überzeugen. Die Tonscheibe kam 1908 bei Ausgrabungen in Phaistos auf der Insel Kreta zum Vorschein. Phaistos gehörte zu den großen Palastanlagen der Minoer, die etwa zwischen 2600 und 1400 v. Chr. die erste europäische Hochkultur bildeten. In den gebrannten Ton wurden spiralförmig unterschiedliche Motive gestempelt, unter anderem ein Kopf mit einer Frisur, die an einen Irokesenschnitt erinnert. Möglicherweise hat auch der Diskos von Phaistos einen kultischen Kontext, genau weiß man es nicht.

Der Diskos von Phaistos gibt der Wissenschaft nach wie vor Rätsel auf.

## Las Chimeneas und Las Monedas

Wenn die steinzeitlichen Gäste der Menschen, die um die Höhle La Pasiega herum wohnten, noch etwas Zeit hatten, dürften sie die Gelegenheit genutzt haben, auch der Höhle von Las Chimeneas einen Besuch abzustatten. Sie liegt ganz in der Nähe und gehört zu dem Altamira-Ensemble von Höhlen mit herausragenden Wandmalereien. Der Name bedeutet „Die Kamine". Die beiden übereinanderliegenden Räume der Höhle sind mit einer an Schornsteine erinnernden Karstformation verbunden. 1953 im Zusammenhang mit Bauarbeiten entdeckt, weist sie zwar keine wissenschaftlichen Sensationen auf, doch repräsentiert sie eine typische Höhle mit Wandmalereien, die sich auf zwei Galerien verteilen. Dargestellt sind Hirsche, Rinder, Pferde, Steinböcke, auch Hörner, Geweihe und Ohren sowie symbolhafte Zeichen.

Rings um den Komplex des Monte del Castillo lohnt auch eine Stippvisite in der Las Monedas genannte Höhle. Der Name bedeutet „Die Münzen", was allerdings kein Hinweis darauf ist, dass die steinzeitlichen Benutzer etwa bereits Münzgeld verwendet hätten. Bis zur Einführung dieses Zahlungsmittels sollte es noch einige Jahrtausende dauern. Die Bezeichnung bezieht sich vielmehr darauf, dass im Innern der Höhle Münzen aus dem 16. Jahrhundert gefunden wurden. Das beweist, dass die Höhle schon vor der offiziellen wissenschaftlichen Entdeckung im Jahre 1952 bekannt war. Mit einer Gesamtlänge von 800 Metern gehört Las Monedas zu den größten Höhlen in Kantabrien. Sie beherbergt zwar auch eine Reihe von hochwertigen Höhlenbildern, die aus der Spätzeit des Paläolithikums stammen, auf etwa 18 000 v. Chr. zu datieren sind und in schwarzer und roter Farbe neben auch aus anderen Höhlen bekannten Zeichen und Symbolen Pferde, Rentiere, Bisons, Ziegen und einen Bären porträtieren. Doch mehr noch fasziniert in Las Monedas das natürliche Schauspiel von Stalaktiten und Stalagmiten.

Sicher werden die steinzeitlichen Besucher, die den Weg von Altamira zum Monte del Castillo gefunden haben, auch der beeindruckendsten Höhle in dieser Region einen Besuch abgestattet haben. Sie trägt den Namen Cueva el Castillo und verdient es, in einem eigenen – dem nächsten – Kapitel dieses Buches, das die wichtigsten und bedeutendsten Stätten mit prähistorischer Höhlenmalerei präsentiert, ausführlich gewürdigt zu werden.

### EIN PIONIER DER PRÄHISTORISCHEN FORSCHUNG

Auch bei der Erforschung von El Castillo spielte Hugo Obermaier eine führende Rolle, der in La Pasiega und in anderen spanischen Höhlen wissenschaftliche Meriten erwarb. Sein weiteres Schicksal zeigt im Übrigen, dass auch Wissenschaftler, die sich mit längst vergangenen Zeiten beschäftigen, schnell von der Gegenwart eingeholt werden können. Als 1914 der Erste Weltkrieg ausbracht, arbeitete der Professor an der Pariser Universität gerade wieder in El Castillo. Da sich Deutschland mit Frankreich im Krieg befand, konnte er als deutscher Staatsbürger nicht an seinen Arbeitsplatz zurückkehren. Besonders schmerzlich war für den Wissenschaftler angesichts des Verlustes seines gesamten persönlichen Besitzes, dass er auf seine einzigartige Privatbibliothek verzichten musste. Da er durch seine Höhlenforschungen in Spanien einen ausgezeichneten Ruf hatte, öffnete sich ihm nun dort der weitere Karriereweg. Nach einer Tätigkeit am Naturwissenschaftlichen Nationalmuseum in Madrid wurde er 1922 auf eine neue Professur für Urgeschichte an der Madrider Universität Complutense berufen. Zwei Jahre später nahm er die spanische Staatsbürgerschaft an. Einen 1932 erfolgten Ruf an die Berliner Universität lehnte Obermaier ab. Er war schon zu sehr Spanier geworden und sah hier für einen Prähistoriker aussichtsreichere Betätigungsfelder, und er sah über Berlin und Deutschland die dunklen Wolken des Nationalsozialismus heraufziehen. Doch auch in Spanien machte ihm die Politik einen Strich durch die Rechnung: 1936 brach der Spanische Bürgerkrieg aus, der ihn erneut Karriere und Besitz kostete. 1939 verließ er Spanien endgültig und übernahm eine Professur in Freiburg/Schweiz, wo er 1946 starb.

Ein Wildpferd und ein Rentier zieren die Wand in Las Monedas.

# EL CASTILLO

## DAS RÄTSEL DER HÄNDE

25 Menschen haben sich an den Höhlenwänden verewigt.

Dass El Castillo im Ranking spanischer Höhlen einen vorderen Platz einnimmt, ist schon daran zu erkennen, dass sie den Namen jenes Berges trägt, um den sich viele bedeutende steinzeitliche Höhlen gruppieren. Tatsächlich wird sie zwar nicht in einem Atemzug mit Altamira genannt, das unter den spanischen oder frankokantabrischen Höhlen, wie man sie als Einheit mit den französischen Höhlen nennt, die Spitzenposition einnimmt. Aber UNESCO-Kulturerbe ist auch sie. Mit den drei Nachbarhöhlen La Pasiega, Las Monedas und Las Chimeneas bildet sie auf engstem Raum ein herausragendes Quartett prähistorischer Präsenz.

## Rätselhafte Hände

Zu den merkwürdigsten und in der Forschung am meisten diskutierten Motiven der prähistorischen Malerei gehören Abdrücke von Händen an den Wänden, mal einzeln, mal gleich mehrere neben-, über- und untereinander. Solche Darstellungen finden sich zum Beispiel in Chauvet in Südfrankreich und in der „Höhle der Hände“ in Argentinien (beide Höhlen werden in weiteren Kapiteln dieses Buches noch näher vorgestellt), aber auch an zahlreichen anderen Orten. Abgesprochen haben sich die Steinzeitmenschen in Südfrankreich und in Argentinien wohl nicht, als sie ihre Hände auf die Wände drückten und ein Abbild für die Ewigkeit hinterließen. Darauf sind sie vermutlich unabhängig voneinander gekommen. Zwar waren die prähistorischen Clans viel unterwegs und legten größere Strecken zurück, doch Reisen von Europa nach Südamerika sind eher unwahrscheinlich.

Abdrücke und Negative von Händen finden sich auch in ansehnlicher Zahl in der El-Castillo-Höhle in Kantabrien als Teil eines sehr umfangreichen und vielfältigen Bildprogramms. 25 Steinzeitmenschen haben an diesem Platz ihre manuellen Visitenkarten hinterlassen. Aber warum haben sie so etwas getan? Leichter zu beantworten ist die Frage, wie sie es getan haben. Das Prinzip war denkbar einfach: Sie legten ihre Hände auf die Höhlenwand und sprühten darüber entweder mit dem Mund oder einem Blasrohr rote Farbe – fertig war der negative Abdruck der Hand (ganz modern denkende Wissenschaftler sprechen in diesem Zusammenhang von der Geburtsstunde der Airbrushtechnik). Alternativ konnte auch ein positiver Abdruck geschaffen werden, indem man Farbe auf die Hand auftrug und sie dann gegen die Wand presste.

Aber was war der Sinn der Aktion? Überblickt man die diesbezüglichen Theorien, die in der Forschung kursieren, kristallisieren sich zwar mehrere Versionen, aber kein wirklicher Favorit heraus. Wieder einmal muss man bedauern, dass die Steinzeitmenschen keine direkten Interpretationshilfen hinterlassen haben. Aber an solche Serviceleistungen für die Nachwelt dachten die Besitzer der Hände vor 35 000 oder 40 000 Jahren noch nicht. So helfen bis auf Weiteres nur Lösungsansätze, die auf einer genaueren Untersuchung der Handmalerei beruhen und zugleich die Lebenswelt der damaligen Menschen in die Überlegungen mit einbeziehen – ihre Umwelt, ihr Sozialleben, ihre Religion.

Viele Anhänger hat in der akademischen Welt die Auffassung gefunden, dass die Hände im Kontext mit den Jagdtieren und Jagddarstellungen gesehen werden müssen. Die Hände waren, so die Theorie, gewissermaßen die Autogramme der Jäger, ein triumphierendes Bekenntnis zu einer erfolgreichen Jagd. Eine Variante dieser Interpretation lautet: Nicht die Jäger hinterließen ihre Handabdrücke, sondern diese waren das Werk der Künstler, die die Gemälde herstellten – sozusagen ihre Signatur.

Philosophischer und sehr anspruchsvoll kommt eine andere Theorie daher. Sie rekurriert auf die besondere Rolle der Hand in der Anatomie, der Anthropologie und der Entwicklung des Menschen. In der Steinzeit entdeckt der moderne Homo sapiens (und vielleicht auch bereits der

Auch abstrakte Zeichnungen finden sich in der El-Castillo-Höhle.

Neandertaler) die Hand als Instrument des kreativen Schaffens. Diese Entdeckung wird mit dem Abdruck auf der Höhlenwand, der Projektionsfläche seiner kulturellen Fähigkeiten, dokumentiert.

Ein neuer Trend besteht darin, die Höhlenmalereien mit steinzeitlicher Magie und uralten Ritualen in Verbindung zu bringen. Schamanen seien hier am Werk gewesen. Höhlenmalereien bildeten ab, was frühe Experten in Sachen Spiritualität in ihren Trancezuständen gesehen hätten. Einzelne Figuren, halb Mensch, halb Tier oder auch in anderen Kombinationen dargestellt, werden als paläolithische Schamanen gedeutet. Hier kommt auch die Hand ins Spiel. Die rote Farbe von Hand und Wand hat eine magische Bedeutung. Die Hand verschwindet gewissermaßen in der Felswand. Der Fels fungiert als Trennung und Übergang von diesseitiger und jenseitiger Welt, in der die Geister zu Hause sind. Reine Fantasie? Immerhin können sich die Vertreter dieser Auffassung auf ethnologische Forschungen etwa bei indigenen Völkern in Südafrika berufen.

Für Aufsehen sorgten in jüngerer Zeit über die engeren Fachkreise hinaus die Forschungsergebnisse amerikanischer Wissenschaftler um den Anthropologen Dean Snow von der Pennsylvania State University. Sie kamen nach eingehenden Studien zu einem überraschenden Schluss: Die weitaus meisten Handabdrücke stammten nicht von Männern, sondern von Frauen. Genauer: 75 Prozent sind Frauenhände, 15 Prozent Hände von Jugendlichen und gerade einmal zehn Prozent Männerhände. Die angewandte Methode war denkbar einfach und doch sehr effizient: Die Forscher maßen die Handgelenke, die Fingerknöchel, die Fingerlängen. Sichere, heute wie damals gültige Indikatoren sind Phänomene wie die, dass bei Frauen Zeige- und Ringfinger meist gleich lang sind, während bei den Männern der Ringfinger länger ist. Bestätigung fanden Snow und seine Mitstreiter in anderen französischen Höhlen, die ebenfalls mit vielen Handabdrücken aufwarten, so etwa in der Höhle von Gargas in der Region Okzitanien, wo die Steinzeitmenschen sogar 230 solcher Signaturen hinterließen, oder im südfranzösischen Chauvet. Gargas ergab noch einen weiteren, etwas mysteriösen Befund. Manche Hände erwecken den Eindruck, als seien hier einige der Finger amputiert. Zufall oder Absicht? Vorherrschend ist aktuell die Deutung, dass die Finger bewusst umgeknickt wurden. Der unbekannte Grund liefert wieder Anlass für vielerlei Spekulationen. Handelte es sich um eine kultische Handlung? Oder einen magischen Ritus? Die Antwort wird sich vielleicht finden, wenn noch weitere Darstellungen dieser Art zum Vorschein kommen und die Forschung einen bestimmten Kontext ausmachen kann. Dean Snow nahm auch die reich mit Bildern ausgestattete Tropfsteinhöhle von Pech Merle im Südwesten Frankreichs unter die Lupe. Sie gehört ebenfalls zu der Gruppe der frankokantabrischen Höhlenkunst. Die ersten Künstler machten sich hier vor 20 000 Jahren an die Arbeit. Bekannt sind die Malereien seit ziemlich genau 100 Jahren. Künstlerisch hat die Höhle einiges zu bieten: natürlich Jagdtiere wie Pferde, Wisente, Mammuts, mit Farbe aus Holzkohle ausgeführt, aber auch menschliche Gestalten, darunter acht Frauen sowie 12 000 Jahre alte Fußspuren eines Kindes. Und, was das Interesse von Dean Snow weckte: Silhouetten von Händen. Hier fand er Bestätigung für seine These, dass die Felshände bei den Steinzeitmenschen überwiegend von Frauen stammten.

Während sich Snow für seine Entdeckungen noch feiern ließ, gab es auch schon Kritik. Man könne, so wurde moniert, die Anatomie des steinzeitlichen Menschen nicht einfach mit der moderner Menschen vergleichen (in der Tat hatte der Forscher aus Pennsylvania als Vergleichsmaßstab die Finger von Studentinnen und Studenten herangezogen). Überwiegend stießen Snow und sein Team aber auf Zustimmung.

Die Frauenquote stimmte also in den prähistorischen Höhlen – was aber soll man mit dieser Beobachtung anfangen? Sie unterstützt einmal mehr die schon zuvor gewonnene Annahme, dass die prähistorischen Gesellschaften durchaus nicht nur patriarchalisch strukturiert waren. Insofern hätte die Überraschung bei der Veröffentlichung der US-Studie gar nicht so groß sein dürfen. Schließlich beschäftigten sich die Frauen nicht nur mit der Kinderpflege und dem Sammeln von Beeren, sondern gingen auch mit auf die Jagd. Frauen hatten nicht nur Zutritt zu den heiligen Höhlen,

Ein in den Fels graviertes Rind

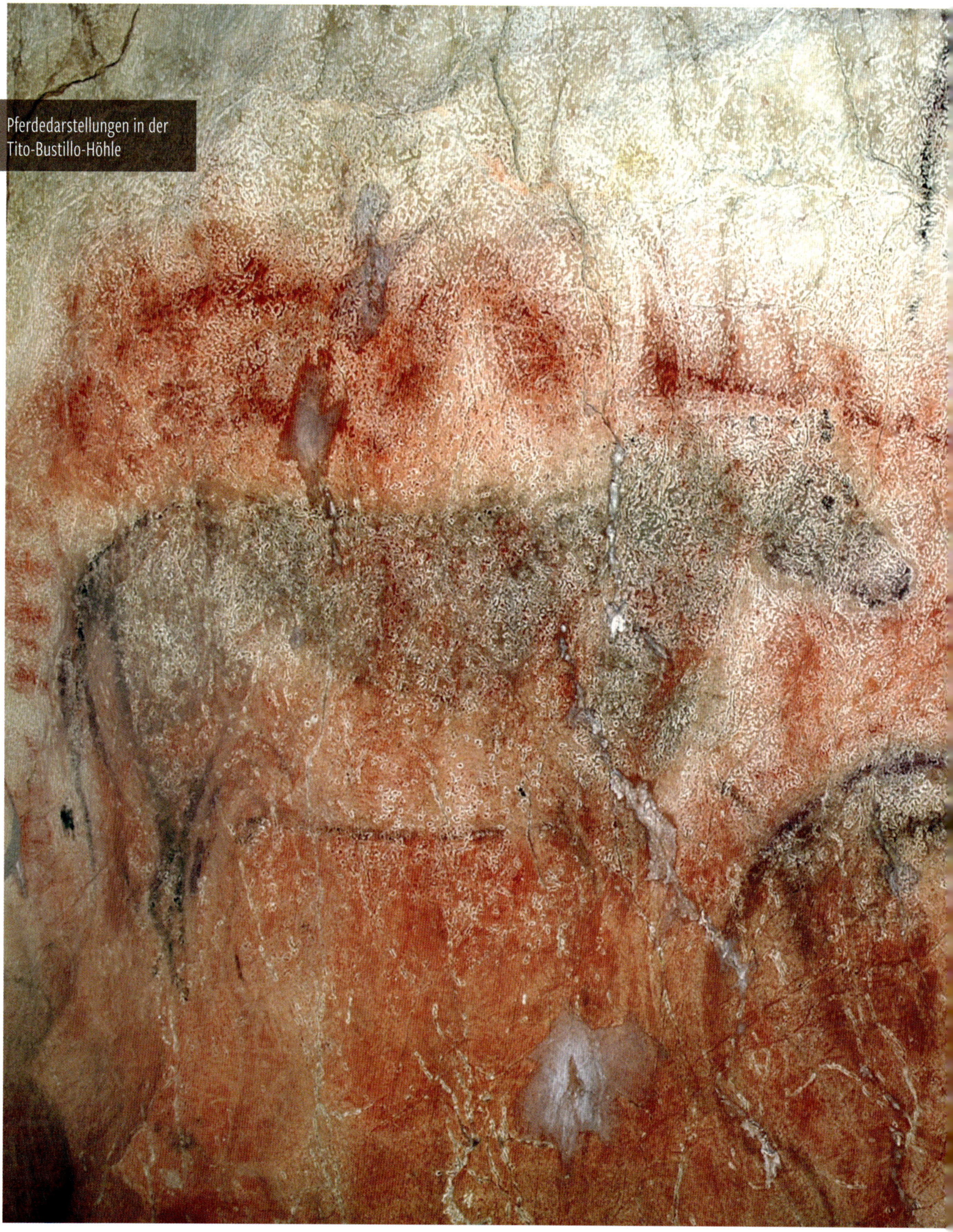

Pferdedarstellungen in der Tito-Bustillo-Höhle

sie durften dort sogar ihre Hände verewigen. Und vielleicht waren die Maler der Tiere wenigstens zum Teil auch Malerinnen? Hatten Frauen eventuell mehrheitlich die Aufgabe, für das Bildprogramm in den Höhlen zu sorgen? Waren die Steinzeitkünstler Steinzeitkünstlerinnen?

Der Enthusiasmus sollte nun allerdings nicht zu weit gehen. Letztendlich bleibt jede Aussage spekulativ. Immerhin ist aber auch zu beachten, dass Kinder und Jugendliche bei den Händen zwar nicht inflationär, aber doch zahlenmäßig recht gut vertreten sind. In diesem Zusammenhang ist es bemerkenswert, dass der deutsche Prähistoriker Hugo Obermaier, der auch bei der Erforschung der El-Castillo-Höhle Bedeutendes leistete, im Jahre 1912 hier die rechte Hälfte des Unterkiefers eines vier oder fünf Jahre alten Kindes fand. Wenn die Höhle Ort kultischer Handlungen gewesen sein sollte, so waren Kinder und Jugendliche also an den Zeremonien beteiligt – in welcher Form und mit welcher Absicht auch immer. Einiges hat die relativ neue These für sich, dass die Kinder dort bei Initiationsritualen in die Welt der Erwachsenen eingeführt wurden, wofür die Höhlen der kultisch geeignete Ort waren.

Vielleicht aber verhielt es sich mit den Händen auch ganz anders, einfacher, unkomplizierter. Wer will ausschließen, dass die Menschen ihre Hände einfach aus Spaß an den Höhlenwänden hinterließen? Warum sollte nicht auch die Steinzeit Gefallen an Graffiti gefunden haben, ganz ohne Hintergedanken oder tiefere Sinngebungen? Immerhin gibt es eine Reihe von Höhlen, wie etwa in Niaux in den Pyrenäen, in denen, wie in dem entsprechenden Kapitel gezeigt wird, frühneuzeitliche Touristen ihre Autogramme hinterließen.

## Weitere Bilder und Darstellungen

Die Hände aus der Höhle El Castillo sind besonders auffallend, doch hat sie noch deutlich mehr zu bieten. Deswegen wollen auch viele Menschen die Höhle persönlich in Augenschein nahmen. Der Zugang ist für Besucher allerdings streng limitiert. Maximal zehn bis 13 Personen dürfen

## STEINZEIT UND SCIENCE-FICTION

Im Jahr 2089 entdeckt ein Archäologenpaar in einer Höhle auf der schottischen Insel Skye prähistorische Wandmalereien. Was haben die Bilder zu bedeuten? Die Wissenschaftler interpretieren sie als Hinweise auf ferne Planetenkonstellationen. Die Schöpfer der Bilder laden die Menschen ein, sie zu besuchen. Und so machen sich die Wissenschaftler auf die Reise in die ferne Galaxie, auf der Suche nach den Ursprüngen der menschlichen Spezies. Das ist der vielversprechende Auftakt eines utopischen Szenarios, das sich immer weiter von der Steinzeit entfernt und immer mehr den Aliens annähert. 2012 kam mit dieser Handlung der englische Spielfilm *Prometheus – Dunkle Zeichen* in die Kinos. Ridley Scott führte Regie, in den Hauptrollen waren Noomi Rapace, Michael Fassbender und Charlize Theron zu sehen. Das Publikum reagierte verhalten. Die seriöse Steinzeitforschung, eigentlich für Anregungen aller Art offen, hat die außerplanetarischen Impulse zur Interpretation der Höhlenmalerei bisher nicht aufgenommen. Doch der Fall zeigt: Steinzeitbilder sind nicht verstaubt, sondern im Gegenteil filmreif!

sich gleichzeitig in der Höhle aufhalten und die insgesamt 275 Bilder und Darstellungen aus der Welt der Steinzeitmenschen in Augenschein nehmen. Die Höhle ist voller Tiere, an den Wänden tummeln sich Rinder, Pferde, Bisons, Steinböcke, Hirsche, auch ein Mammut. Die Bilder gehören im Vergleich zu anderen Höhlenmalereien zu den frühesten Darstellungen, einige entstanden der Uran-Thorium-Datierung zufolge bereits vor 40 800 Jahren, also in der Übergangszeit vom Neandertaler zum Cro-Magnon-Menschen. Sie zählen damit zu den ältesten Kunstwerken in Europa, wenn man denn den Begriff „Kunst" im Sinne einer ästhetischen Wirkungsabsicht verwenden möchte, was nicht bei allen prähistorischen Bildern sicher gesagt werden kann.

Die Höhle wurde lange genutzt, viele Bilder stammen daher auch aus späteren Phasen. Hier entzündeten sich wie auch bei den anderen dekorativ gestalteten Höhlen heftige Diskussionen über die Funktion der Bilder, auch im Zusammenhang mit den Handabdrücken. Jagdzauber? Jagderfahrungen? Schamanismus? Spielerei? Auf der Palette wurde keine der Deutungen ausgelassen, die überhaupt bei der Interpretation der Höhlenmalereien eine Rolle spielen.

Entdeckt wurde die Höhle 1903 im Zuge der intensiven Erforschung der prähistorischen Stätten rings um den Monte Castillo. Der Erste, der El Castillo betrat, war der damals 37-jährige Archäologe Hermilio Alcalde del Río. Wie vieler seiner Kollegen begann auch er seine Laufbahn in Altamira, dem Prunkstück der kantabrischen Höhlenlandschaft. So war er in den Jahren von 1903 bis 1905 für die dortigen Ausgrabungen zuständig. Er hatte entscheidenden Anteil daran, dass die steinzeitlichen Forschungen zu Beginn des 20. Jahrhunderts in seiner spanischen Heimat einen wahren Boom erlebten. Es gab kaum eine Höhle, an deren wissenschaftlicher Aufarbeitung er nicht beteiligt war. Auf seiner Liste stehen wichtige Fundorte wie Hornos de la Peña, Covalanas und El Pendo. Den Wandmalereien galt sein besonderes Interesse, hier leistete er wesentliche Pionierarbeit. Zahlreiche Standardwerke über die kantabrische Höhlenmalerei stammen aus seiner Feder und gelten auch heute noch als Klassiker. Mit dem Ausbruch des Ersten Weltkrieges 1914 kam die Archäologie in Spanien zum Erliegen. Alcalde del Río beendete seine Laufbahn und widmete sich anderen Aufgaben.

Nicht vergessen werden darf bei der Forschungsgeschichte von El Castillo der Name Paul Wernert. Der Elsässer, 1889 in Straßburg geboren, war ein akribischer Arbeiter, dessen wissenschaftliche Interessen im Rahmen seiner prähistorischen Studien breit gestreut waren und von seiner elsässischen Heimat bis nach Abessinien und Somalia reichten. Er war an der Erforschung von El Castillo und La Pasiega federführend beteiligt.

## Ein Paradies zur Erforschung der Höhlenmalerei

Spanien ist ein Paradies für die Erforschung der Höhlenmalerei. Neben Frankreich gibt es hier die meisten Fundstätten in Europa. So, um nur noch zwei herausragende Beispiele zu nennen, bietet die Tito-Bustillo-Höhle im asturischen Ribadesella Höhlenmalereien, die sich in Bezug auf Vielfalt und Qualität nicht weit hinter Altamira und dem Höhlenkomplex vom Monte Castillo verstecken müssen. Es handelt sich hier um eine Tropfsteinhöhle, die erst relativ spät, nämlich 1968, von Forschern aufgespürt wurde. Die Höhle ist nach Celestino Fernández „Tito" Bustillo benannt – eine posthume Würdigung, weil Bustillo kurz nach der Entdeckung der Höhle bei einem Unfall ums Leben kam. Man kann sie uneingeschränkt besichtigen, dazu gibt es eine informative Dauerausstellung. Die in verschiedenen Techniken gemalten Bilder sind zwischen 24 000 und 12 000 Jahren alt. Neben dem gewohnten Inventar an Pferden, Rentieren oder Hirschen gibt es auch die Zeichnung eines großen, wohl als Wal zu deutenden Meerestieres. In einer der Galerien befinden sich verschiedene Motive der weiblichen Anatomie, die möglicherweise im Kontext von Fruchtbarkeitsritualen zu deuten sind.

Ein absolutes Highlight hat die Höhle von Abauntz im Baskenland zu bieten. Hier ritzten vor gut 14 000 Jahren Steinzeitmenschen Symbole und Zeichen in einen faustgroßen Stein, die man als die älteste Landkarte der Welt deuten kann. Mit dieser Nachricht gingen 2009 Archäologen an die Öffentlichkeit. Tatsächlich sind die Markierungen, Linien und Striche auf dem Stein so zu deuten, dass sie die Umgebung der Höhle darstellen. Zu erkennen sind außerdem ein Flusslauf, der sich um Berge (wohl die Pyrenäen) schlängelt, sowie grasende Steinböcke. Größer gestaltete Rentiere und Pferde gehören wahrscheinlich zu einer älteren, durch die Karte ersetzten Malerei. Gut möglich, dass der Stein der Nomadengesellschaft bei ihrer Rückkehr an diesen Ort als Orientierung und Wegweiser für ertragreiche Jagdgründe dienen sollte.

Wurde in der Höhle von Abauntz die älteste Landkarte der Welt gefunden?

# LASCAUX

## MAGIE, RITUALE UND SCHAMANEN

Die Darstellungen in der Höhle von Lascaux stammen etwa aus der Zeit zwischen 17 000 und 15 000 v. Chr.

Wer eine Höhle entdecken will, die mit ihren steinzeitlichen Wandmalereien für Furore sorgt, sollte einen Hund dabeihaben. Zwar ist die Präsenz eines solchen keine Garantie, einen spektakulären Fund zu machen, sie steigert aber die Chancen, Eingang in die Entdeckungsgeschichte zu finden. Das war bei der Höhle von Altamira der Fall und ebenso bei der nicht minder berühmten Höhle von Lascaux. Was Altamira für die spanische, ist Lascaux für die französische Prähistorie. Der Ort liegt im Südwesten Frankreichs, im Departement Dordogne, im Tal der Vézère.

Hier unternahmen 1940 einige junge Leute einen Landausflug. Einer von ihnen, der 18-jährige Marcel Ravidat, hatte seinen Hund Robot dabei, der eine Affinität für die Kaninchenjagd hatte. Als er plötzlich in einem Erdloch verschwand, machte sich Ravidat auf die Suche und rutschte dabei in die Höhle. Da er mit einer Taschenlampe ausgerüstet war, sah er sofort die Bilder an Wänden und Decken. Seine Freunde folgten ihm und staunten nicht schlecht über das einmalige Panorama, das sich ihnen bot. Die Freunde behielten das Wissen um die geheimnisvolle Höhle nicht für sich, sondern kamen, nachdem sie sich noch ein paarmal dort umgesehen hatten, zu der Überzeugung, etwas Außergewöhnliches entdeckt zu haben. Nur wenige Tage später machten sich die Spezialisten ans Werk, angeführt von Henri Breuil, dem führenden französischen Steinzeitforscher und Höhlenexperten, der sich insbesondere durch seine Studien zu Altamira große Verdienste erworben hatte. Als Erster unternahm er es, Zeichnungen von den imposanten Gemälden in der Höhle anzufertigen und gab ihnen die Namen, unter denen sie bis heute in Wissenschaft und Medien bekannt sind. Von Breuil stammt auch die erste publizierte wissenschaftliche Beschreibung der Lascaux-Höhle.

Die meisten Lorbeeren bei der Erforschung von Lascaux erntete der französische Prähistoriker André Glory. Er war, wie seine Kollegen Hugo Obermaier und Henri Breuil, zunächst Priester, bevor er den Weg zur Prähistorie fand. Auch Glory vollzog also den Schritt vom Glauben zum Wissen und beschäftigte sich professionell mit Phasen der Menschheitsgeschichte, die es nach der Bibel eigentlich noch gar nicht hätte geben dürfen. 1906 geboren, wurde er 1933 zum Priester geweiht und entdeckte anschließend seine Passion für die Prähistorie. Glory professionalisierte seine Neigung und promovierte 1942 mit einer Arbeit zum Neolithikum. Nach Lascaux kam er 1952 als Assistent von Henri Breuil und befasste sich primär mit der zeichnerischen Erfassung der Höhlenbilder und ihrer Interpretation. Noch heute gehen viele der Deutungen der Bilder auf Glorys Expertisen zurück. Der Fundus seiner auf Pauspapier gefertigten Kopien besteht aus nicht weniger als 1900 Zeichnungen. Doch dies war nicht alles, was Glory für Lascaux leistete. Er interessierte sich auch für die Archäologie der Höhle und entdeckte die meisten Artefakte, darunter auch eine Öllampe aus rotem Sandstein mit eingraviertem Dekor.

## Lascaux stellt (fast) alles in den Schatten

Von Anfang an war klar: Lascaux stellte fast alles – mit Ausnahme vielleicht von Altamira –, was bis dahin an Höhlenmalerei zum Vorschein gekommen war, in den Schatten. Dabei ist die Höhle gar nicht einmal besonders groß. Sie reicht 100 Meter in den Felsen hinein und erreicht mit allen Gängen, Kammern und Seitenarmen eine Länge von 250 Metern. Wodurch sie besticht und heraustragt, ist etwas anderes: die Menge und die Qualität der Bilder, die auf einem künstlerischen Niveau stehen, das seinesgleichen sucht. Das gilt sowohl für die einzelnen Bilder als auch für die Kompositionen, die zumindest in einigen Teilen der Höhle geschaffen wurden. Insgesamt weist Lascaux nicht weniger als 1800 gemalte oder geritzte Bilder auf.

Man betritt die Höhle heute nicht durch den verschütteten originalen Eingang. Ob sich auch hier Malereien befanden, ist nicht nachweisbar, aber doch sehr wahrscheinlich. Die prähistorischen Künstler werden jede sich bietende Möglichkeit genutzt haben, an den Decken und Wänden Bilder anzubringen. Gefunden wurden hier zudem Werkzeuge und Lampen, die sie bei ihrer Arbeit verwendet hatten.

Durch eine Schleusenkammer gelangt man in den „Saal der Stiere". Hier befinden sich 130 Bilder und Zeichnungen, alle gemalt und nicht geritzt. 36 der Motive lassen sich als Tiere identifizieren: 17 Pferde, 11 Auerochsen („Stiere"), einer davon mit der imposanten Größe von 5,60 Metern, sechs Hirsche, ein Bär sowie ein Tier, das man gerne als „Einhorn" bezeichnet. Es gehört zu einem Zug von Tieren, der sich über die linke und die rechte Wand des Saales erstreckt. Das Einhorn ist, bei genauerem Hinsehen, mit zwei Hörnern ausgestattet, was die gängige Bezeichnung zweifelhaft erscheinen lässt. Einige halten es für denkbar, dass es sich bei dem vermeintlichen zweiten Horn um den Schwanz eines der großen Auerochsen handelt. In diesem Fall wäre der Name „Einhorn" gerettet. Doch keimen Zweifel auf, wenn man sich die Anatomie des Tieres genauer ansieht. Prägnant ist ein dicker, herunterhängender Bauch. So haben sich – wenigstens spätere Generationen – dieses Fabelwesen nicht vorgestellt. Es spielt jedoch im Ensemble der Tiere im „Saal der Stiere" eine exponierte Rolle, da es den Zug der Tiere anführt. Die numerisch die Mehrzahl der Tiere repräsentierenden Pferde dienen wiederum den Auerochsen als Eskorte.

An den „Saal der Stiere" schließt sich ein axialer Seitengang an, der in einem gekrümmten Höhlengang endet. Auch dieser Teil der Höhle ist an Decken und Wänden üppig mit Tierbildern bemalt: Auerochsen, Pferde, Hirsche und Steinböcke. Auffällig ist hier das Bild von einem Pferd der besonderen Art. In der Wissenschaft heißt es „das stürzende Pferd", weil es kopfüber an einem Felsvorsprung steht.

Verlässt man den axialen Seitengang, gelangt man in den Gang oder Passage genannten Trakt.

Einhorn oder nicht?
Das dickbäuchige Tier links im Bild stellt Forscher vor Rätsel.

Die Gemälde sind hier von minderer Qualität, aber nicht, weil die steinzeitlichen Künstler einen schlechten Tag hatten, sondern weil die in der Höhle an dieser Stelle vorherrschende Zugluft den Bildern nicht gutgetan hat.

Ergiebiger ist wiederum die sich anschließende sogenannte Apsis. Die Ausgräber gaben dem Raum diesen Namen wegen seiner halbrunden Gestalt. Eine sinnvolle alternative Bezeichnung wäre „Saal der Ritzzeichnungen" oder „Saal des einsamen Rentieres". Mehr als 2000 Tiere oder andere Zeichen gravierten die prähistorischen Menschen hier in die Wände und die Decke ein. Hier kann man wie auch an anderen Stellen der Höhle beobachten, wie ältere Motive von späteren Zeichnungen überlagert wurden. Die Fläche war kostbar, und so mussten, wenn es Neues auszudrücken gab, Zeichnungen der Vorfahren weichen. Ein Alleinstellungsmerkmal genießt in der Apsis ein einsames Rentier, das einzige seiner Art in der Höhle von Lascaux. Das zahlenmäßige Ranking der Tiere ist eindeutig: Es führen die Wildpferde, dann kommen die Hirsche, gefolgt von den Steinböcken und den Auerochsen.

Die Apsis geht direkt in einen Raum über, der die Form eines Schiffes hat. Auch hier wechseln sich Tierdarstellungen mit Symbolzeichen ab. Eine Gruppe von Pferden übermalten die steinzeitlichen Dekorateure der Lascaux-Höhle mit einer großen schwarzen Kuh. Eine weitere Attraktion sind die schwimmenden Hirsche. Zeigen die Bilder Hirsche, die bei der Jagd die Flucht ergreifen? Oder muss man eher von mythisch-magischen Zusammenhängen ausgehen?

Weiter geht der Gang durch die Höhle in die „Mondmilch-Galerie". Sie heißt so wegen der weißflüssigen Ablagerungen aus Kalzit. Ihr schließt sich der „Seitengang der Raubkatzen" an. Dargestellt sind die Tiere in einem für sie nicht besonders glücklichen Moment: Sie sind von Pfeilen durchbohrt, wohl das Werk von nicht sichtbaren Jägern. Die obligatorischen Pferde tauchen auch hier auf. Einer der Pferdeköpfe ist frontal abgebildet statt wie üblich im Profil.

Die Höhlen, die von den Steinzeitmenschen mit Bildern versehen wurden, dienten nicht allein als Galerien und Ausdruck prähistorischer Krea-

Die steinzeitlichen Künstler übermalten eine Pferdegruppe mit einer großen schwarzen Kuh.

tivität und Kunstfertigkeit. Lascaux war in dieser Hinsicht keine Ausnahme. Funde aller Art zeugen davon, dass die Höhlen auch als Schutzorte, Versammlungsstätten, Werkstätten und zeremonielle Plätze fungierten. Bei den wissenschaftlichen Untersuchungen kamen Schmuckgegenstände zum Vorschein, Werkzeuge, auch Waffen, Malutensilien, eine Öllampe, Reste von Nahrung, Tierknochen – Letztere ein Hinweis darauf, dass die Höhlen auch die Funktion prähistorischer Speiselokale hatten. Doch auch hier gilt: Gewohnt hat in der Höhle niemand, die Menschen lebten in Zelten oder Häusern aus Holz und Lehm, von denen es heute keine Überreste mehr gibt. Man kann aber davon ausgehen, dass sich die Siedlungen ganz in der Nähe der Höhle befanden, schon allein, um in Gefahrensituationen die schützenden Plätze schnell erreichen zu können.

## Die Präsentation der Funde

Heute kann man die prächtigen Höhlenbilder von Lascaux nicht mehr am originalen Platz bewundern. Die Höhle teilt das Schicksal vieler anderer bedeutender historischer Orte. Lascaux wurde im Sommer 1948 nach intensiven wissenschaftlichen Forschungen für die Öffentlichkeit zugänglich gemacht. Schon bald drängelten sich die Besucher, jeder wollte einen Blick in die inzwischen berühmte Höhle werfen. In den ersten Tagen und Wochen stürmten täglich Hunderte von Menschen in die Höhle, in den 1950er-Jahren waren es bis zu 1800 Besucher, die Einhorn, Auerochsen, Pferde, Hirsche und das einsame Rentier bestaunten. Bald waren die negativen Auswirkungen durch die ausgestoßene Atemluft nicht mehr zu übersehen. Ventilatoren schufen keine Abhilfe, sondern trugen im Gegenteil dazu bei, dass die Bilder immer mehr in Mitleidenschaft gezogen wurden. Pilzbefall, Algen und ein unschöner weißer Schleier auf den Malereien trieben den Verantwortlichen die Sorgenfalten ins Gesicht. Als auch der Einsatz chemischer Mittel nicht half, siegten wissenschaftliche Verantwortung und denkmalpflegerische Aspekte über Profitstreben und Neu-

Mit Lascaux IV gelang eine detailgetreue Nachbildung des Originals.

gier der Öffentlichkeit. 1963 wurde die Notbremse gezogen und die Höhle für den Besucherverkehr gesperrt. Bis dahin hatten sich mehr als eine Million Menschen von der Lascaux-Steinzeit verzaubern lassen. In das Original kommen seitdem nur Forscher hinein, aber auch diese dürfen nur zu ausgewählten Zeiten für wenige Stunden ihrer Arbeit nachgehen.

Doch müssen die Anhänger von Lascaux nicht gänzlich auf das Höhlenerlebnis verzichten. Lascaux IV ist eine mit modernsten technischen Mitteln erstellte Reproduktion von Lascaux I, der originalen Höhle und befindet sich in der benachbarten Gemeinde Montignac. Auf einer Fläche von 11 000 Quadratmetern tauchen die Besucher in die faszinierende Welt der steinzeitlichen Höhlenmalerei. 3D-Installationen verschaffen Einblicke, wie sie sich die Steinzeitmenschen nicht hätten träumen lassen. Seit der Eröffnung im Dezember 2016 passierten Scharen von Lascaux-Fans den Eingang. Und auch professionelle Forscher kommen hier auf ihre Kosten. Lascaux IV ähnelt Lascaux I bis ins letzte Detail, denn dank moderner Lasertechnik und anderer aufwendiger technischer Verfahren gelang es, die Malereien an den Decken und Wänden authentisch nachzubilden. Lascaux IV ersetzte Lascaux II. Bereits 1983 hatte man ein erstes Duplikat der Höhle vorgestellt, nur 200 Meter von der echten entfernt. Schon damals zeigte sich: Die Imitation erfreute sich gleicher Beliebtheit wie das Original. Lascaux wurde zur meistbesuchten Sehenswürdigkeit in der Dordogne. Zwar waren die Gemäldeduplikate dem Besucherstrom gegenüber resistent, dafür drohte Lascaux II wegen des Ansturms bald aus allen Nähten zu platzen, sodass der Plan für das weiter dimensionierte Lascaux IV gefasst wurde.

Aber was ist mit Lascaux III? Das dritte Lascaux ist keine stationäre, sondern eine mobile Höhle, eine Wanderausstellung. Einzelne herausragende Exponate wurden in den letzten Jahren – natürlich als Nachbildungen – immer wieder auf die Reise geschickt. Die Liste der Orte, an denen die Funde präsentiert wurden, ist beeindruckend: Bordeaux – Chicago – Houston – Montreal – Genf – Gwangmyeon – Tokio – Fukuoka – München. Lascaux war mit diesen Aktionen ein echter Exportschlager.

Die außergewöhnliche Vielfalt der Motive und Darstellungen in der Höhlenmalerei von Lascaux hat die Forschung zu intensiven Debatten angeregt. Dabei ist die Fülle an Material Fluch und Segen zugleich: Fluch, weil es viel mehr Deutungsmöglichkeiten als in den meisten anderen Höhlen gibt; Segen, weil das Lascaux-Material bei seriöser Betrachtung die Chance eröffnet, die bisherigen Theorien zur Bedeutung der steinzeitlichen Höhlenmalerei auf den Prüfstand zu stellen und zugleich neue Interpretationsansätze zu erproben.

Auch in Lascaux ging die überwiegende Zahl der Forscher zunächst davon aus, dass die Tiere auf den Bildern etwas mit der Jagd, dem beruflichen Hauptmetier des prähistorischen Menschen, zu tun haben – sei es, dass hier Jagderfahrungen und Jagderfolge visualisiert wurden, sei es, dass es sich um eine Form der Jagdmagie handelt. Mit den Malereien, so die Anhänger der Magie-These, sollten die Tiere gewissermaßen gebannt und sozusagen zum Abschuss freigegeben werden: Man erlegte das Wild schon, bevor man sich auf die Pirsch begab. Um eine magische Atmosphäre zu schaffen, wurden die Bilder im Dunkeln der Höhle und nicht etwa an einsehbaren Plätzen außerhalb angebracht. Auch die Tatsache, dass die Bildtiere teilweise nachträglich mit Pfeilen versehen wurden, könnte für diese Annahme sprechen. Kritiker wenden aber mit Recht ein, dass nicht alle und nicht einmal die Mehrzahl der dargestellten Tiere zu denjenigen zählen, die auf dem Speisezettel des Steinzeitmenschen standen. Dort hatten Rentiere zum Beispiel einen prominenten Platz, in Lascaux tauchen sie als Motiv so gut wie überhaupt nicht auf.

Auch eine Öllampe gehört zu den Funden aus der Höhle von Lascaux.

## Waren hier Schamanen zugange?

Doch spielt der magische Aspekt bei der Deutung und Analyse des Bildprogramms von Lascaux unter anderen Vorzeichen weiter eine wichtige Rolle. Hier haben die Anhänger der Schamanen-Theorie ihrer Auffassung nach klare Hinweise auf einen Zusammenhang der steinzeitlichen Höhlenbilder mit spirituellen Zeremonien. Ein Schamane ist in der Definition der Ethnologie eine mit magischen Fähigkeiten versehene, einem Priester ähnliche Persönlichkeit mit der speziellen Begabung, mit den Geistern in der jenseitigen Welt in Verbindung zu treten. Dies geschieht, indem er sich in einen Zustand der Trance versetzt. Der Nutzen für die Allgemeinheit besteht zum einen darin, dass der Schamane die Geister, die einen großen Einfluss auf das

### EIN PRÄHISTORISCHER MONDKALENDER?

Neben den Tierdarstellungen gibt es in den steinzeitlichen Höhlen auch merkwürdige, schwer zu deutende, in die Wände geritzte Zeichen. Sie befinden sich häufig direkt neben den abgebildeten Tieren, manchmal auch separat, wie in Lascaux, wo im Seitengang der Raubkatzen und im Brunnen drei Doppelpunkte zu erkennen sind. Sie wurden bisher unterschiedlich interpretiert, manche Archäologen halten sie für die Zahl bei der Jagd erlegter Tiere. Britische Forscher haben jüngst eine neue Interpretation vorgeschlagen. Es soll sich bei den Zeichen um eine Art prähistorischen Terminkalender handeln, der auf einer Beobachtung der Mondphasen beruhte. Die Zahl der Zeichen neben den Tieren gibt, so die Forscher, den Monat der Paarungssaison an. Ein Y steht für den Monat, in dem der Nachwuchs erwartet wird. Bei Fischen steht dieses Zeichen für das Ende der Wanderung oder den Beginn des Laichens. Wenn diese Lösung stimmt, liegt ein neuer Beweis dafür vor, dass es mit den Rechenkünsten der Steinzeitmenschen schon ziemlich weit bestellt war.

Weist diese Darstellung einer menschenähnlichen Gestalt mit Vogelkopf und eines Auerochsen auf Schamanismus hin?

menschliche Leben haben, freundlich stimmen soll. Zum anderen schrieb man ihm therapeutische Kräfte zu. Dieser Theorie zufolge bilden die Höhlenbilder ab, was die prähistorischen Schamanen in ihren Trancezuständen gesehen haben, sie sind also Teil eines spirituell-therapeutischen Geschehens. Befürworter dieser Interpretation stützen sich besonders auf eine tatsächlich sehr eigenartige Darstellung in der Lascaux-Höhle. Sie befindet sich in dem Teil des Areals, der „Schacht" oder „Brunnen" genannt wird – hier senkt sich das Bodenniveau der Höhle um acht Meter. Zu erkennen ist ein stattlicher Auerochse mit gesträubtem Fell, gesenktem Kopf und nach vorne gerichteten Hörnern. Offensichtlich befindet sich das Tier im Angriffsmodus. Auf seinem Hinterleib befindet sich ein Speer. Diesen muss die Gestalt geschleudert haben, die sich links von dem Tier befindet, in einer Position – liegend, die Arme weit ausgebreitet –, die nicht darauf hindeutet, dass es sich um einen in dieser Situation erfolgreichen Jäger handelt. Im Gegenteil: Der Jäger scheint Opfer des Auerochsen geworden zu sein. Merkwürdig ist die Gestalt dieser Figur: Sie zeigt eine menschliche Physiognomie, ist jedoch sehr schematisch gezeichnet, besitzt auch nur vier Finger an jeder Hand. Vor allem: Der Mann hat einen Vogelkopf. Neben ihm sitzt ein Vogel auf einer Stange, der einen Kopf wie der Mensch hat, jedoch nicht dessen übrige Anatomie. Garniert ist das Ensemble mit einer Reihe von Zeichen und Symbolen. Die Deutung der Szene ist eine Herausforderung. Einmal mehr ist zu bedauern, dass wir mangels schriftlicher Zeugnisse die Mentalität und Gedankenwelt der Steinzeitmenschen nicht kennen. In diesem Fall besteht, mehr noch als bei anderen Bildern, die Gefahr, moderne Denkweisen in die Steinzeit zu projizieren. Auch hier gilt: Was man leisten kann, sind Annäherungen, jedoch keine definitiven Aussagen. Unter dieser Prämisse kann man versuchen, dieser Szene einen Sinn zu geben. Immer stellt sich bei den Höhlenbildern die Frage: Sind sie realistisch, oder transportieren sie eine symbolische, eine magische Botschaft? Im ersten Fall könnte man denken, dass hier gezeigt wird, wie ein Jäger im Kampf gegen das Wildtier Pech gehabt hat. Er schleudert den Speer, wird aber seinerseits von dem Auerochsen umgeworfen. Aber wozu eine solche Darstellung präsentieren? Um zur Vorsicht bei der Jagd zu mahnen? Und warum trägt der Jäger einen Vogelkopf? Also doch eher die magisch-symbolische Interpretation. Ist die Szene Teil eines Rituals, einer Zeremonie? Diese Auffassung vertrat beispielsweise André Glory und der sich viele Forscher anschlossen. Dem Zweck, mit magischen Ritualen das Jagdglück zu erzwingen, diente seiner Meinung nach auch die von ihm auf dem Boden des Brunnens entdeckte rote Sandsteinlampe. Wie das Bild konkret in eine solche Deutung passte, wusste in der Diskussion um den seltsamen Toten allerdings niemand überzeugend zu erklären. Dass er tot ist, scheint ihnen sicher. So stellt man, wird argumentiert, keinen lebendigen Menschen dar, auch nicht in der Steinzeit.

Aber ist die Figur wirklich tot? Hier kommt wieder die Schamanen-Theorie ins Spiel. Bei dem Auerochsen ist der Fels mit in die Gestalt des Tieres eingebunden. Das ist keine exklusive Eigenart von Lascaux, auch in anderen Höhlen haben die kreativen Hände die Konturen der Höhle in die Darstellungen integriert. Das kann, muss aber nicht aus künstlerischen Gründen geschehen sein. Das Verfahren mag auch in Zusammenhang mit der für das Schamanentum wichtigen Verbindung der diesseitigen mit der jenseitigen Welt stehen. Die Tiere sind integraler Bestandteil der Natur der Höhle. Der Auerochse erweckt überdies den Eindruck, als würde er über dem Boden schweben. Er stammt nicht von dieser Welt, sondern repräsentiert die Welt der Geister. Gleiches gilt für den Vogel auf der Stange neben der gefallenen Figur: Er symbolisiert die guten Geister, deren Wohlwollen der Schamane zu gewinnen bestrebt ist. Denn die Menschengestalt mit Vogelkopf ist ein Schamane, der nicht tot ist, sondern sich im Zustand der Ekstase und der Trance befindet. Um diese Funktion zu verdeutlichen, haben ihn die Steinzeitkünstler mit einem Vogelkopf versehen.

Waren dies die Gedanken, von denen sich die prähistorischen Künstler bei der Gestaltung der Szene im Brunnen von Lascaux leiten ließen? Natürlich kann man dies nicht wissen. Bei dieser Interpretation wird viel mit Analogien gearbeitet, mit Kenntnissen, die die Ethnologie über die Rolle von Schamanen bei späteren, stark im Einklang mit der Natur lebenden Völkern gewonnen haben. So weiß man nicht, ob man auch in Lascaux von der Vorstellung ausging, der Schamane müsste erst einmal sterben, um in der anderen Welt erscheinen zu können, wo er zerstückelt und anschließend wieder zusammengesetzt würde, um ins diesseitige Leben zurückkehren zu können.

Wie auch immer es um die Deutung der Bilder aus der Höhle von Lascaux bestellt sein mag: Richtig ist sicher der Eindruck, dass es sich hier bei den jüngeren, die älteren Malereien überdeckenden Werken zumindest partiell um zusammenhängende Motivreihen handelt. Die Menschen, die für ihre Konzeption und Herstellung verantwortlich waren, wollten Geschichten erzählen. Sie sind der Cro-Magnon-Kultur zuzuordnen, die Datierung der Bilder liegt zwischen 17 000 und 15 000 v. Chr., vielleicht sind sie noch etwas älter. Es ist jedenfalls der geistige Horizont der späten Cro-Magnon-Menschen, der sich in ihnen Ausdruck verschafft hat.

Die Höhle von Lascaux birgt mit ihren Bildern, Zeichnungen und Zeichen ein faszinierendes Ensemble von Botschaften aus der Steinzeit. Und es ist nur eine Frage der Zeit, bis wieder neue Vermutungen, Hypothesen und Deutungen auftauchen werden. Der medialen Aufmerksamkeit können sie sicher sein – wie alle Neuigkeiten aus jener frühen Phase der menschlichen Geschichte, für deren Kreativität die Höhlenmalereien herausragende Beispiele sind.

## GRÜNE UND WEISSE KRANKHEIT

Sie sind die Feinde aller Höhlenbilder: Die grüne Krankheit entwickelt sich durch die Ausbreitung von Algen, die in der Kombination mit Schimmelpilzen und Bakterien schlimme Schäden anrichten können. In Lascaux trugen der durch die Besuchermassen verursachte Anstieg der Temperatur und der erhöhte Gehalt an Kohlendioxid zur Schließung der Höhle bei. Nicht weniger bedrohlich ist die weiße Krankheit: Sie zeigt sich an einer dünnen Kalzitschicht, die sich als weißer Überzug über die Wände der Höhle legt. Verursacht wird sie durch eine erhöhte Kondensation von Feuchtigkeit an den Wänden. Nachdem die Höhle 1963 für den Publikumsverkehr geschlossen wurde, installierten Techniker umfangreiche Maßnahmen zur Bekämpfung der grünen und der weißen Krankheit. So gelang die Rettung der originalen Höhle, in der sich nun nicht mehr das Publikum tummelt, sondern nur noch die Wissenschaftler.

# COSQUER

## PINGUINE IM MITTELMEER

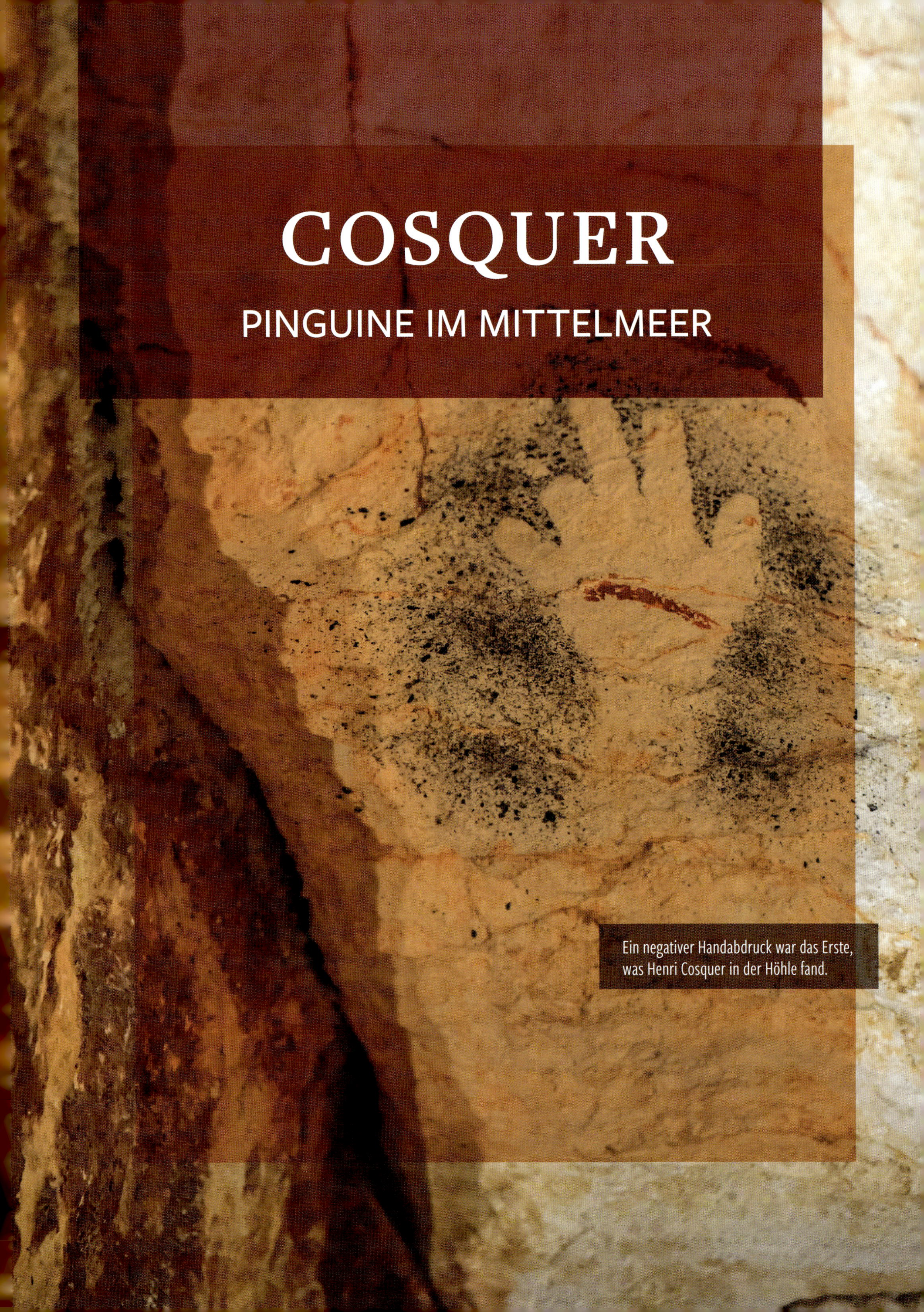

Ein negativer Handabdruck war das Erste, was Henri Cosquer in der Höhle fand.

Sie gehört zu den jüngeren Entdeckungen der prähistorischen Höhlenmalerei: die Höhle von Cosquer, südöstlich der französischen Hafenstadt Marseille in der Calanque de la Triperie gelegen. Seit Kurzem gibt es sie sogar zweimal – einmal in echt und einmal in einem beeindruckenden Nachbau. Der Grund für die Reproduktion ist allerdings eher alarmierend: Es sind zwar nicht neugierige Touristen, die, wie an anderen Orten, durch massive Präsenz und unsachgemäßen Umgang mit den Bildern dafür verantwortlich sind, dass man das Original vor der Öffentlichkeit verbirgt und stattdessen eine Nachbildung anbietet. Doch auch der wirkliche Grund ist beunruhigend: Der Wasserspiegel in der einmaligen unterirdischen Höhle ist in den letzten Jahren kontinuierlich angestiegen. Als die ersten Zeichnungen und Bilder in der Höhle hergestellt wurden, vor gut 27 000 Jahren während der letzten großen Eiszeit, wurde eine große Menge an gefrorenem Wasser in den Polarregionen gespeichert, sodass der Meeresspiegel 120 Meter niedriger war als heute. Inzwischen darf außer professionellen Wissenschaftlern keiner mehr hinein, auch nicht die vielen Hobbytaucher. Der Schutz der einmaligen, unersetzlichen Malereien steht auf der Agenda der Kulturbehörden ganz oben. Die Höhle, die mit ihren Malereien zu einer Zeit dekoriert wurde, als das Meer noch Kilometer weit weg war, ist heute zu einem großen Teil durch den angestiegenen Meeresspiegel überflutet. Seit etwa 9000 Jahren ist sie für den Menschen nicht mehr zu Fuß zugänglich. Diese Stätte, die Tausende Jahre lang geschützt lag und heute als ein bedeutendes archäologisches Erbe gilt, wird in nicht allzu ferner Zukunft ganz verschwinden.

## Entdeckung unter Wasser

Die Entdeckungsgeschichte von Cosquer begann im Jahre 1985. Bis dahin schlummerte dieser reiche Bilderschatz in einer Höhle, deren Eingang sich in 37 Meter Tiefe befindet. Der Ruhm, diese Höhle gefunden zu haben, gebührt einem französischen Tauchlehrer namens Henri Cosquer, nach dem sie auch ihren heutigen Namen erhielt. Auf die geflutete Höhle stieß er per Zufall bei einem seiner Tauchgänge vor der Küste. Er wusste zu diesem Zeitpunkt noch nicht, dass er der erste Mensch war, der diese Höhle nach vielen Tausend Jahren wieder betrat. Und er ahnte auch nicht, dass die unterirdische Höhle, die sich nun in einer beträchtlichen Tiefe unter der Wasseroberfläche befand, einst eine Trockenhöhle auf dem Land gewesen war, 120 Meter über dem Meeresspiegel und elf Kilometer von der Küste entfernt. Schnell bemerkte Cosquer die Gemälde und Zeichnungen an den Wänden der Höhle. Seine erste Entdeckung war einer der negativen Handabdrücke, den er registrierte, als ihm seine Taschenlampe zu Boden fiel und die Hand im Fels beleuchtete. Er beschloss, sich weiter umzusehen. Bei weiteren Tauchgängen in die Höhle bemerkte er zahlreiche weitere Bilder und beschloss, seine Entdeckung an kompetenter Stelle zu melden.

Die zum Kulturministerium gehörige Abteilung für Unterwasserforschung und Unterwasserarchäologie wurde sofort hellhörig schickte mit Jean Courtin einen der besten Spezialisten, über die Frankreich verfügte. Der Fachmann für das Neolithikum nahm die Höhle erstmals im September 1991 unter die Lupe und war begeistert angesichts der Bilderpracht. „Wir standen vor Zeichnungen, die so perfekt wie in Lascaux waren", schilderte er später seine Eindrücke, „aber doppelt so alt." Nach der Tauchpremiere schlossen sich weitere Untersuchungen an. Noch war man sich nicht völlig sicher, ob es sich wirklich um eine Höhle handelte, die in der Steinzeit in Betrieb genommen worden war. Doch die Zweifel waren schnell beseitigt. Die Forscher kamen zu dem eindeutigen Ergebnis: Die Gemälde sind echt, sie stammen aus der Steinzeit, sogar aus der Altsteinzeit. Dieses Resultat ergab sich aus ersten Analysen mit der Radiokarbonmethode (C14). „Ein prähistorisches Heiligtum", resümierte Courtin und meinte damit sowohl die kulturelle Bedeutung der Entdeckung als auch eine mögliche religiös-sakrale Funktion für die Menschen der Steinzeit.

In den folgenden Jahren wurden die Arbeiten unter der Regie des Kulturministeriums fortgesetzt. Immer mehr Experten waren beteiligt, die mit den modernsten technischen und naturwissenschaftlichen Methoden an die weitere Erforschung der Höhle gingen. Digitale Erfassung war dabei ebenso selbstverständlich wie der Einsatz von 3D-Abdrücken.

Eine Intensivierung erfuhr die Erforschung der Höhle in den letzten Monaten des Jahres 1994. Der Zugang zur Höhle erfolgte über einen 150 Meter langen Tunnel jene 37 Meter unter der Meeresoberfläche, wo sich der Eingang befindet. Um zu den beiden Kammern zu gelangen, musste man 116 Meter tauchen. Zum Schutz der ohnehin von Umwelteinflüssen bedrohten Höhle wurde sie nach Beendigung der Arbeiten zugemauert. Seit 2015 wird das prähistorische Juwel durch eine 800 Kilo schwere Stahltür geschützt.

Die ursprünglich trockene Höhle diente den Steinzeitmenschen als Schutz vor wilden Tieren und Schlupfwinkel bei Unwettern. Vielleicht war sie auch ein Kultort. Das aber hängt ganz von der Interpretation der Bilder ab.

Ein großer Vorteil bei der Untersuchung der Cosquer-Höhle lag darin, dass sie im Gegensatz zu anderen Höhlen mit steinzeitlicher Malerei erst relativ spät entdeckt wurde. So war es möglich, modernste wissenschaftliche Methoden anzuwenden, die den Pionieren jener Zeit, als die prähistorische Forschung noch in den Kinderschuhen steckte, noch nicht zur Verfügung standen. Dazu gehörten die Einrichtung einer meteorologischen Station, die die aktuellen Wetterentwicklungen anzeigte, die Installierung von Geräten zum Zweck fotogrammetrischer Aufnahmen, Laserscanner zur dreidimensionalen Rekonstruktion des Inventars der Höhle sowie eine komplette fotografische Dokumentation der Höhlenbilder. Ein weiterer Vorteil bei den Untersuchungen war der Umstand, dass diejenigen Bilder und Zeich-

Der Eingang zur Höhle befindet sich 37 Meter unter dem Meeresspiegel.

nungen in den noch nicht vom Wasser erreichten Teilen gut konserviert waren. Anders als etwa in Lascaux oder Altamira war die Höhle durch ihre Lage im Wasser perfekt geschützt und nicht der Gefahr ausgesetzt, dass Unbefugte oder Plünderer sich hier zu schaffen machten und die historische Substanz zerstörten. Die Forscher hatten bei ihrer Arbeit bisweilen den Eindruck, dass die prähistorischen Künstler die Höhle gerade erst verlassen hätten, denn sie fanden Spuren von mit Lehm bedeckten Fingerabdrücken – eine Begegnung der besonderen Art mit den unbekannten Nutzern der Höhle. Als eine Bilanz des Inventars der Bilder und Zeichnungen gezogen wurde, konnte Folgendes festgehalten werden: Etwa ein Drittel der Darstellungen sind Kohlezeichnungen, die Mehrheit – insgesamt 125 Bilder – besteht aus Ritzzeichnungen. Nicht in jedem Fall konnte dabei eine exakte Datierung vorgenommen werden.

Cosquer hat nach heutigem Wissensstand ein Alleinstellungsmerkmal: Es handelt sich um die (bislang) einzige bekannte Höhle in der Provence. Über die Gründe kann man nur spekulieren. Jedoch haben die Steinzeitkünstler einen schönen Platz gewählt, um sich zu verewigen. Es ist allerdings auch möglich, ja sogar wahrscheinlich, dass es unter dem Meeresspiegel und vielleicht auch in der Nähe von Cosquer weitere, bisher nicht bekannte Höhlen mit Malereien gibt. Dass solche Höhlen, wenn sie denn existieren, in nicht allzu ferner Zukunft entdeckt werden und das Bildrepertoire aus der Frühzeit des Menschen durch neue Funde bereichern, ist angesichts einer aktiven Unterwasserarchäologie in Südfrankreich nicht ausgeschlossen.

## Die Bildwelten von Cosquer

Glücklicherweise hat die Überschwemmung der Höhle nicht alle Bilder vernichtet, auch wenn wahrscheinlich die Mehrzahl der ursprünglich vorhandenen Bilder den Wassermassen zum Opfer gefallen sind. Doch was erhalten ist und konserviert wurde, ist bedeutend genug und in Qualität und in Vielfalt der Motive, die die

Bei zahlreichen Kunstwerken aus der Cosquer-Höhle handelt es sich um Ritzzeichnungen.

Künstler gewählt haben geradezu atemberaubend. Die Höhlenbilder entstanden, wie die Forschungen ergeben haben, in zwei Phasen. Die ältesten sind etwa 27 000 Jahre alt. Hier finden sich noch keine Malereien im eigentlichen Sinn. Die frühesten künstlerischen Produktionen in der Cosquer-Höhle sind die Negativabdrücke von Händen, wie wir sie auch aus anderen Höhlen kennen, und in den Stein geritzte Linien. Die Hände geben den Forschern Rätsel auf, und es sind bereits viele Antworten auf die Frage gegeben worden, welche Bedeutung sie haben. Auch Cosquer liefert keine definitive Erklärung, was auch nicht möglich ist, weil die Cro-Magnon-Menschen, zu denen diese Hände gehörten, keine Interpretationshilfen hinterlassen haben. So bleibt viel Raum für Spekulation. Handelt es sich um bloße manuelle Autogramme, in dem Sinne, dass die Nutzer der Höhle ein sichtbares Zeichen von sich hinterlassen wollten? Aber warum dann nur und gerade die Hände? In der jüngeren Forschung wird in Bezug auf die Cosquer-Hände eine Deutung favorisiert, die in Richtung Magie, Beschwörung und Schamanismus weist. Die Hände nahmen sozusagen Kontakt mit der hinter dem Fels verborgenen jenseitigen Welt auf. Zwar sind negative Handabdrücke in der Steinzeitkunst nicht selten, doch weist Cosquer eine Besonderheit auf: Bei zwei Dritteln der Hände fehlen die Fingerglieder. Ob mit Absicht oder durch Zufall, kann nicht entschieden werden. Doch überwiegt der Verdacht, dass dahinter eine bestimmte Idee stand. Die ständig wachsenden Erfahrungen mit der steinzeitlichen Höhlenmalerei zeigen, dass

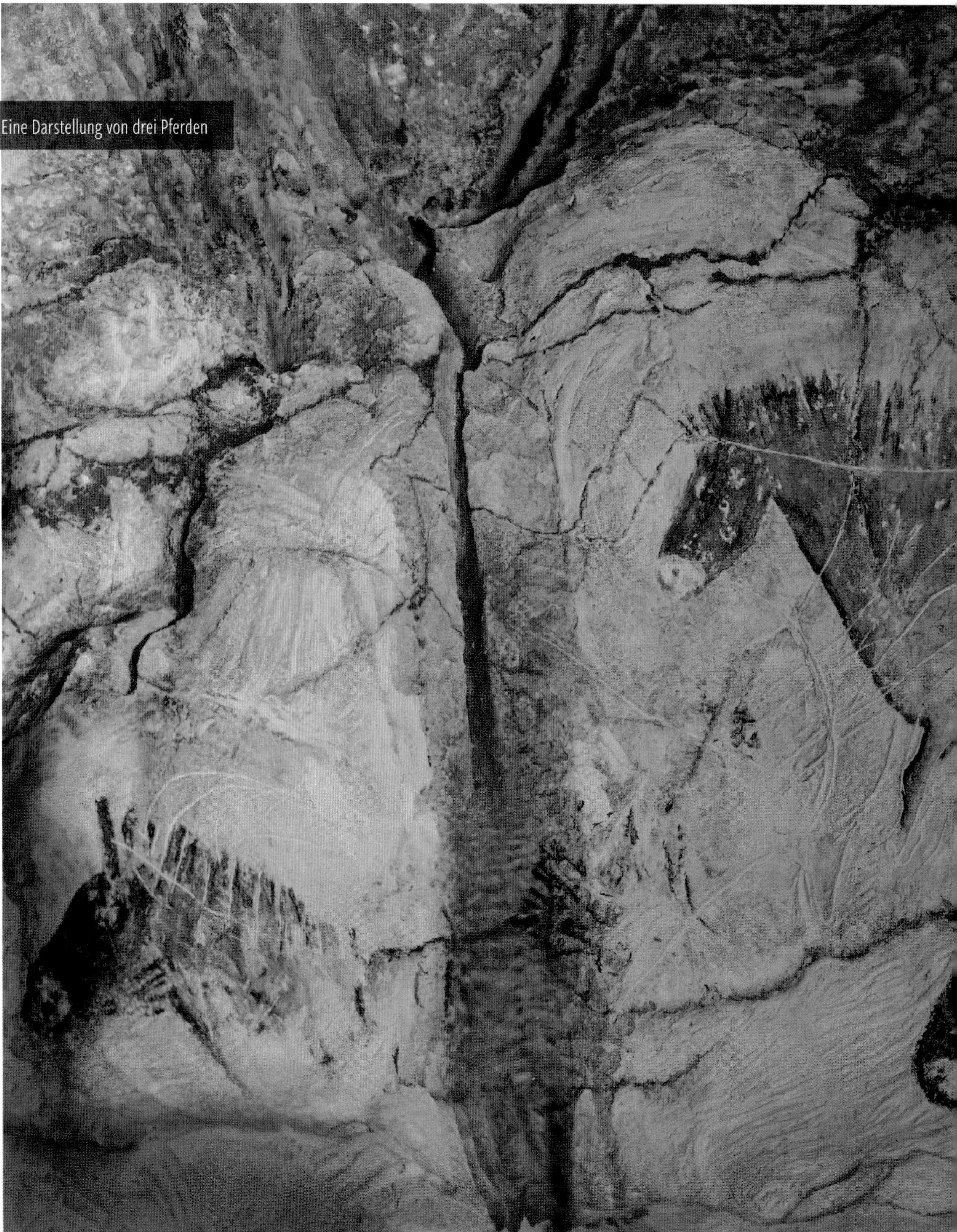

Eine Darstellung von drei Pferden

die Künstler mit ihren Produktionen immer bestimmte Ideen verfolgten. Insgesamt gibt es in Cosquer 44 schwarze und 21 rote Handschablonen, ähnlich viele wie in der spanischen El-Castillo-Höhle. Die Hände gehören alle zu erwachsenen Menschen, wahrscheinlich von Männern und Frauen gleichermaßen.

Phänomenal ist die in Cosquer dargestellte tierische Artenvielfalt: Pferde, Steinböcke, Gämsen, Bisons, Auerochsen, Rentiere und Hirsche. Manche Tiere sind nicht eindeutig identifizierbar. Auch sind viele der Zeichen und Gravuren an den Wänden – es gibt 220 solcher geometrischen Zeichen – nicht klar zu bestimmen. Ein Mann ist mit Pfeil in der Brust dargestellt. Ein ungewöhnliches Motiv, für das die Forscher den Namen „Getöteter Mann" wählten. Wurde er in einer gewaltsamen Auseinandersetzung mit einer feindlichen Gruppe getötet? Das wäre eine der in der Höhlenmalerei nicht häufig vorkommenden Anspielungen auf Krieg, Gewalt und Tod. Bemerkenswert sind auch die zahlreichen nichtfigürlichen Darstellungen, etwa Rechtecke mit aufgesetzten Dreiecken, die wahrscheinlich eine, allerdings nicht näher bestimmbare, kultische Bedeutung haben. Kritiker monieren, dass man zur Interpretation prähistorischer Kunst allzu oft mit der Kategorie „kultisch" operiert, vorzugsweise dann, wenn man keine andere Erklärung parat hat. Jedoch muss betont werden, dass in frühen Gesellschaften die Religion eine herausragende Rolle im menschlichen Leben spielte. Die Natur wird als göttlich inspiriert angesehen, und man versucht durch allerlei Rituale und Zeremonien, sich mit den das Leben und die Natur bestimmenden Kräften zu arrangieren.

Die Tiere sind detailliert und exakt gemalt. Die Pferde beeindrucken durch wallende, schwarze Mähnen, die Bisons verbreiten mit ihren Hörnern Angst und Schrecken, Steinböcke warten mit dicken Pelzen auf, Seehunde sind erkennbar gut im Futter. Ein riesiger Hirsch, groß wie ein Elefant, imponiert mit seinem gigantischen Geweih. Eine Antilope fällt durch ihre Rüsselnase und ein Auerochse durch ein so riesiges Körpervolumen auf, dass er Mühe hat, sich auf seinen kurzen Beinen zu halten.

Sensationell: Pinguine am Mittelmeer!

Vielleicht ist die weit von den frankokantabrischen Zentren in Spanien oder der Dordogne entfernte geografische Lage der wesentliche Grund für stilistische Unterschiede bei den Tierdarstellungen im Vergleich zu anderen Höhlen in Frankreich oder Spanien. So sind die Pferde sonst nicht mit wehender Mähne dargestellt, und Hirsche und Bisons nicht, wie sonst üblich, nur im Profil. Sie wenden sich in eigentümlicher Haltung den Betrachtern zu. Dabei ist allerdings die bereits erwähnte Möglichkeit zu bedenken, dass es im Raum von Marseille weitere Höhlen mit Malereien aus der Zeit von Cosquer gibt. Sie könnten bestätigen oder dementieren, dass der prähistorische Provence-Stil ein Stil eigener Art oder gar nicht so exzeptionell gewesen ist. Die benutzten Farben sind Rot und Schwarz. Die Tiere tauchen nicht einzeln auf, sondern werden in Gruppen auf Jagdszenen gezeigt.

Für die größte Furore sorgten bei ihrer Entdeckung drei Pinguine, die im Mittelmeerraum heute nachweislich nicht mehr vorkommen. Und es ist auch unwahrscheinlich, dass ein steinzeitlicher Nutzer der Cosquer-Höhle sie dort kennengelernt hat, wo sie sich heute bevorzugt aufhalten, also in den Küstengewässern der Antarktis. Als Erklärung bleibt daher, dass das Klima zur Entstehungszeit der Bilder so gewesen ist, dass die Pinguine zu der Lebenswelt der prähistorischen Menschen gehörten. Zu den Pinguinen gesellen sich auf anderen Bildern Seehunde, was die These von den unterschiedlichen klimatischen Verhältnissen gestern und heute bestätigt.

## Die Nachbildung der Höhle

Steinzeit geht auch futuristisch. Das weiß die interessierte Öffentlichkeit seit dem 4. Juni 2022. An diesem Tag erfolgte die Eröffnung von Cosquer 2, einer naturgetreuen Nachbildung der Höhle samt ihren künstlerischen Schätzen in der Nähe des ursprünglichen Platzes. Drei Jahrzehnte hatte es von der ersten Idee bis zur Eröffnung gedauert. Die originale Höhle im Meer ist indes dem Untergang geweiht. Schätzungen zufolge wird sie am Ende des 21. Jahrhunderts ganz überflutet sein. Die spektakuläre, aufwendige Nachbildung befindet sich in einem eigenen Museumsbau in der Nähe des alten Hafens von Marseille. 23 Millionen Euro kostete der futuristisch gestaltete Neubau, in dem Steinzeitkunst auf rund 1700 Quadratmetern so attraktiv und abenteuerlich zugleich präsentiert wird wie nie zuvor. 340 photogrammetrische CT-Bilder dienten bei der Erstellung des dreidimensionalen Modells als Vorlage. In einem als Taucherkabine verkleideten Fahrstuhl fahren die Besucher 37 Meter in die Tiefe, um ihnen mit den genauen Ausmaßen das Gefühl zu vermitteln, sie seien auf dem Weg in die originale Höhle. Unten angekommen, steigen sie in Gondeln um, die auf Schienen durch die Höhle gleiten, wobei Lichteffekte und sphärische Akustik eine geradezu mystische, auf jeden Fall unvergessliche Atmosphäre zaubern. Die Artefakte sind so professionell nachgemacht, dass niemand den Eindruck hat, es handele sich „nur" um Reproduktionen.

### UNTERWASSERARCHÄOLOGIE

Die Erforschung der Höhle von Cosquer war eine Sternstunde der Unterwasserarchäologie. Dabei handelt es sich um eine relativ junge Disziplin der Archäologie. Sie begann mit der Suche nach alten Schiffswracks samt ihrer Fracht. Was in früheren Zeiten Schatzsuche gewesen war, ist für moderne Unterwasserarchäologen das Bestreben, aus dem Fund von versunkenen Schiffen Informationen über Schiffstypen, Navigation und Handelswaren zu gewinnen. Aber auch im Wasser versunkene Städte können durch Unterwasserarchäologen wieder zum Leben erweckt werden. So suchen Wissenschaftler schon seit einiger Zeit nach dem im Meer bei Alexandria versunkenen Palast von Königin Kleopatra. Forschungen in überfluteten Höhlen stellen wegen der damit verbundenen Gefahren für die Beteiligten eine besondere Herausforderung dar. Unterwasserarchäologie ist immer noch ein Abenteuer, doch dank modernster technischer Hilfsmittel viel sicherer und effizienter als noch in der Pionierzeit vor einigen Jahrzehnten. Doch in manchen Punkten versagt die moderne Technik: So funktioniert das GPS-System, das an Land so wichtige Dienste leistet, unter Wasser nicht, jedenfalls nicht in tiefem Gewässer. Dafür helfen hochmoderne Seitensichtsonare und Fächerecholote beim Aufspüren von Funden: Der Meeresboden wird mit akustischen Signalen untersucht, die, wenn sie fündig werden, Reflexe anzeigen, die an Bord der Forschungsschiffe am Computer in Bilder umgewandelt werden. Doch auch alte Seekarten sind immer noch hilfreich. Und die meisten Funde sind, wie auch im Falle der Höhle von Cosquer, Zufallsfunde, die Sporttauchern und Hobbyarchäologen gelingen.

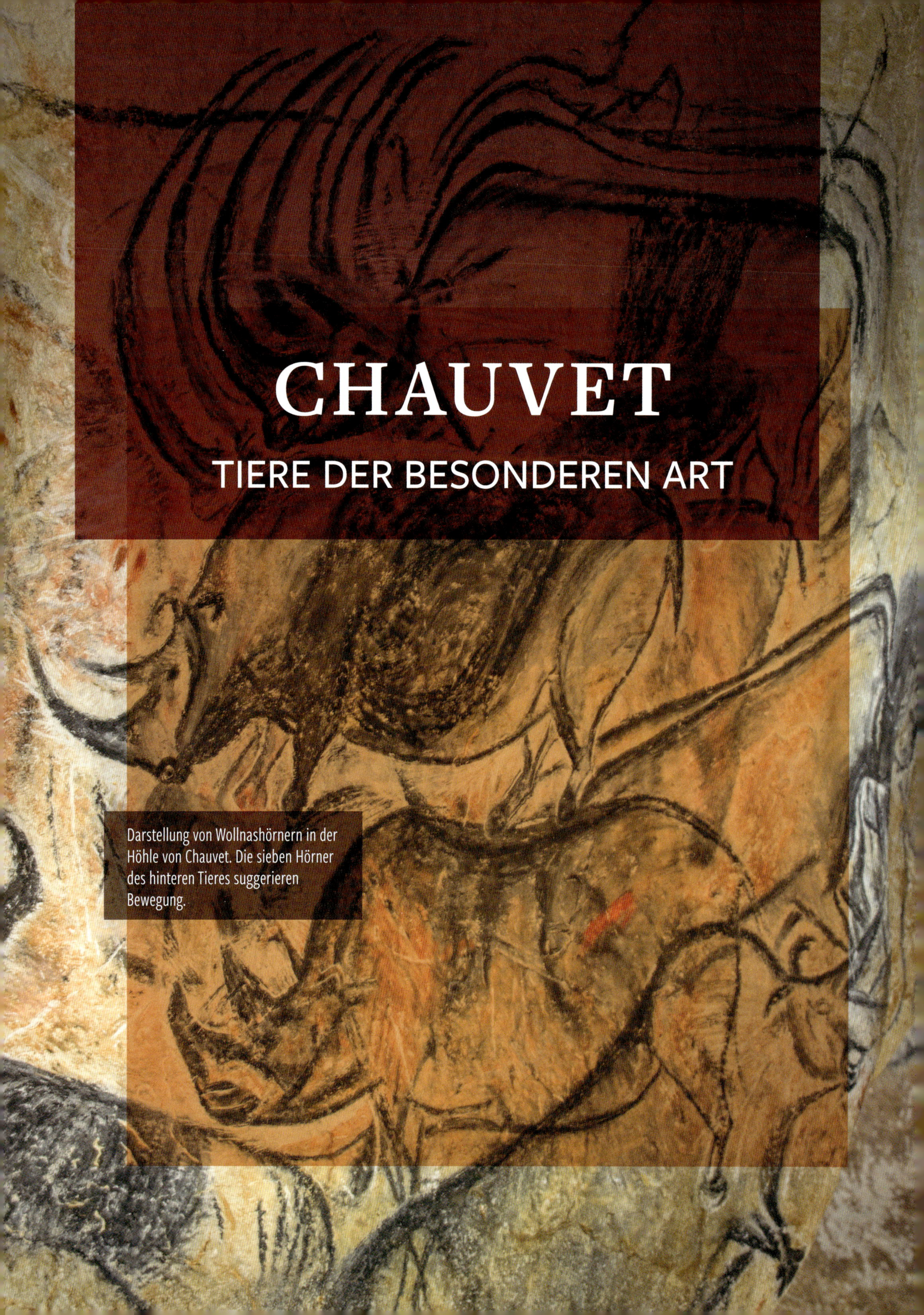

# CHAUVET

## TIERE DER BESONDEREN ART

Darstellung von Wollnashörnern in der Höhle von Chauvet. Die sieben Hörner des hinteren Tieres suggerieren Bewegung.

Sie gehört zu den absoluten Prunkstücken der jüngsten Höhlenforschung: die Chauvet-Höhle in der Nähe der kleinen französischen Stadt Vallon-Pont-d'Arc im Südosten des Landes, im Departement Ardèche. Benannt ist sie nach dem Höhlenforscher Jean-Marie Chauvet, der sie zusammen mit zwei Kollegen am 18. Dezember 1994 zufällig entdeckte. Dass die Höhle so lange im Verborgenen geblieben war, liegt an ihrer Unzugänglichkeit. Eine knapp sieben Meter lange, mit Geröll durchsetzte Engstelle am Eingang bot Schutz und Sicherheit – nicht aber den Entdeckern der Höhle, denn der Weg ins Innere war höchst riskant. Doch wurden die Hobbyforscher, als sie schließlich alle Hindernisse überwunden hatten, reich belohnt. Ihnen eröffnete sich ein einmaliges Panorama: eine imposante Tropfsteinhöhle, deren Wände mit Hunderten von Gemälden dekoriert waren! Wie später festgestellt wurde, war ein Steinsturz in der Steinzeit dafür verantwortlich gewesen, dass die Höhle so gut wie hermetisch abgeriegelt gewesen war.

Dass seit den Steinzeitmenschen keine Menschen mehr die Höhle betreten hatten, erwies sich als Segen, jedenfalls in der Hinsicht, dass die Kunstwerke unberührt blieben. In anderen Höhlen haben Besucher, denen es an Sinn für Kunst und Kulturgüter fehlt, nicht der Versuchung widerstehen können, die Wände zu bemalen, sie mit Graffiti zu versehen, sogar bemalte Stücke aus dem Felsen zu brechen. Dieses Schicksal blieb der Chauvet-Höhle erspart. Niemand kam herein, und seit der Entdeckung ist sie bestens bewacht und geschützt. Und einen weiteren Vorteil hatte die Jahrtausende währende Unberührtheit: Das Raumklima blieb konstant bei einer Temperatur von 13 Grad, beste äußere Bedingungen, um die Tropfsteine und die wertvollen Bilder zu konservieren.

Die Chauvet-Höhle erwies sich als ein Paradies für die Höhlenforschung, insbesondere für deren künstlerische Ausgestaltung mit Gemälden und Zeichnungen. Und wie immer stellte sich die Frage: Wann haben die Menschen gelebt, die dafür verantwortlich gewesen sind, dass auch Chauvet zu jenen Plätzen gehört, die in keinem Buch über Glanzlichter prähistorischer Höhlenmalerei fehlen dürfen? Die ersten Nutzer der Höhle, so die Vermutung, waren sicher keine Urzeitmenschen, sondern eher einige jener Tiere, die von den Menschen später mit Farbe an die Höhlenwände gebannt wurden. Eine Analyse von Bärenknochen führte zu dem Ergebnis, dass Angehörige dieser Spezies vor fast 50 000 Jahren damit begonnen

## CHAUVET IN DER LITERATUR UND IM FILM

Jean Courtin, geboren 1936, ist einer der führenden französischen Prähistoriker. 1998 veröffentlichte er einen historischen Roman mit dem Titel *Die vergessene Höhle*. Das Buch spielt vor 20 000 Jahren, Schauplatz ist Chauvet. Im Mittelpunkt stehen ein junger Mann und eine junge Frau, die ineinander verliebt sind, manches Tabu brechen und zu einer langen Irrfahrt durch die Welt der Steinzeit gezwungen sind. 2010 hatte der Dokumentarfilm *Die Höhle der vergessenen Träume* des deutschen Regisseurs Werner Herzog Premiere. Für diese Produktion erhielt er die Erlaubnis, mit seinem Team in der ansonsten für Nichtwissenschaftler geschlossenen Höhle zu drehen. Die Arbeiten unterlagen strengen Auflagen. Pro Tag durfte nicht länger als vier Stunden gefilmt werden, und die Filmleute mussten stets auf dem Laufsteg bleiben. Herzog war von der Kunstfertigkeit der Steinzeitmenschen begeistert. Ein Bison mit acht Beinen pries er mit den Worten: „So wird Bewegung suggeriert – fast eine Art Vorläufer des Kinos."

Abdruck einer Bärentatze in der Höhle

hatten, in der Höhle Zuflucht zu suchen, wenn Gefahr drohte – derselbe Grund, der später Menschen veranlasste, diese Höhlen aufzusuchen. Denn dass den Menschen der Steinzeit die Höhlen als Behausungen dienten, ist ein sich hartnäckig haltender, jedoch nicht der Wirklichkeit entsprechender Topos. Die Menschen, die die Höhlen nutzten und bemalten, lebten nebenan in Holzhütten, von denen so gut wie keine Spuren erhalten sind. Höhlen dienten allenfalls als zeitweiliger Unterschlupf, vielleicht in besonders kalten Wintern als Schutz vor Frost und Schnee.

Menschen entdeckten die Höhle vor gut 37 000 Jahren. Danach wurde für etwa 2500 Jahre außer Betrieb gesetzt Die Datierungen ergeben sich aus den Ergebnissen der Radiokarbonmethode (C14), zu deren Wirksamkeit es der Existenz organischer Stoffe bedarf. Die Tiere wurden in der Chauvet-Höhle mit Holzkohle gezeichnet, und so war es möglich, mittels C14 zu erstaunlich präzisen Resultaten zu gelangen. Alternativ wurden von den steinzeitlichen Künstlern Ockerfarben verwendet. In der neueren Chauvet-Forschung gibt es allerdings Diskussionen um die korrekte Datierung, vor allem wegen großer stilistischer Unterschiede bei der Darstellung. Doch hat sich inzwischen die chronologische Zweiteilung als vorherrschende Interpretation etabliert. Die Bilder in der Höhle gehören auf jeden Fall zu den ältesten aus der Steinzeit bekannten Gemälden.

## Beeindruckende Artenvielfalt

Doch nicht nur das Alter stellt eine Besonderheit von Chauvet dar, sondern auch die Menge der dargestellten Tiere und ihre Artenvielfalt. Nicht umsonst gehört sie seit 2014 zum Weltkulturerbe der UNESCO. Auch in Sachen Maltechnik waren die unbekannten Steinzeitkünstler sehr innovativ und kreativ. Die Bilder wurden mit verschiedenen Verfahren geschaffen. Die für sie bestimmte Fläche wurde in einem ersten Arbeitsschritt durch

Schaben und Gravuren mit Steinen oder auch mit dem Finger für das Aufmalen präpariert. Als Farbe beim Malen dienten Holzkohle und roter Ocker. Auffällig sind die vielen roten Handabdrücke. Bei einer der Hände ist der kleine Finger verkrümmt. Die Hand mit dieser anatomischen Besonderheit kommt mehrfach vor und beweist, dass dieser Künstler an verschiedenen Stellen in der Höhle gearbeitet hat. Er war nach Ansicht der Forscher etwa 1,80 Meter groß – nach den üblichen Maßen der damaligen Zeit muss er ein Riese gewesen sein! In anderen Höhlen finden sich Darstellungen von Händen mit fehlenden Fingerkuppen, eine Praxis, die, wie noch zu zeigen sein wird, so oft geübt wurde, dass sie eine spezielle Bedeutung gehabt haben muss.

1000 Zeichen gibt es in der Höhle auf einer Gesamtfläche von 8500 Quadratmetern zu bestaunen, darunter 425 Bilder von 14 verschiedenen Tierarten. Die Auswahl der präsentierten Tiere ist in mehrfacher Hinsicht aufschlussreich: Zum einen zeigen sie, dass die klimatischen Verhältnisse von der Eiszeit geprägt waren und die prähistorischen Menschen mit einer Tierwelt konfrontiert waren, die es heute in diesen Regionen so nicht mehr gibt. Zum anderen sind sie wegen der niedrigeren Temperaturen in dieser Zeit mit deutlich erkennbaren, von den Künstlern hervorgehobenen dickeren Fellen ausgestattet. Wenn die Dimensionen auf den Bildern der damaligen Realität entsprachen, waren sie auch größer als ihre heutigen Artgenossen. Manche weisen andere physiognomische und anatomische Eigenschaften auf, wie der prähistorische Braunbär, der gegenüber der heutigen Spezies eine steil ansteigende Stirn und einen kleinen Buckel auf der Schulter hat. Und der frühe Löwe war im Gegensatz zu seinem modernen Pendant mähnenlos.

Bemerkenswert ist an den Tierdarstellungen in der Chauvet-Höhle auch der Umstand, dass nicht nur klassische Jagdtiere wie Steinböcke oder Hirsche präsentiert werden. Zu erkennen sind neben den erwähnten Löwen und Bären auch Mammuts, Panther und sogar Nashörner (in Form der Wollnashörner). Überhaupt ist die Chauvet-Höhle diejenige der prähistorischen Grotten, die das größte Aufkommen an Raubtieren auf ihren Bildern aufweist. Diese standen nicht gerade oben auf dem Beuteschema der prähistorischen Jäger, vielmehr mussten sich die Menschen vor Raubtieren in Acht nehmen. Auf einem Bild ist Rudel von Löwen zu sehen, die einen Büffel und ein Nashorn fixieren, offenbar auf dem Sprung, um sie als Beute zu erlegen. Die Künstler haben diese gefährlichen Tiere besonders in Szene gesetzt durch das Zusammenspiel mit Erhebungen und Deformierungen in den Felswänden. Das erzeugt einen speziellen optischen Effekt, dessen Funktion es wohl auch war, den Tieren eine Aura von Macht und Gewalt zu verleihen, die man auf diese Weise vielleicht zu bändigen suchte. Jedenfalls scheint es, als seien die Künstler miteinander in einen Wettstreit getreten, wer der Beste und Fantasievollste unter ihnen und mit dem vielfältigsten Repertoire an Motiven ausgestattet ist.

Zu den Raubtierdarstellungen zählen auch eine Hyäne (l.) und ein Panther.

Gut im Rennen waren bei diesem Konkurrenzkampf ohne Frage die Maler der Löwen. Die Tiere sind besonders kunstvoll dargestellt, wie die Bilder im sogenannten Panneau der Löwen zeigen. Hier beeindruckt besonders die Fähigkeit der Künstler zur Abstraktion und mit welchen Mitteln sie den Anschein von Bewegung erzeugten. Als Betrachter fühlt man sich direkt in eine prähistorische Jagdszene zurückversetzt. Originell ist auch ein Bild, das von der Presse „Minotaurus“ getauft wurde. Es handelt sich um den Kopf eines Bisons, der in das Bein einer Frau übergeht. Das erinnert entfernt an jene Gestalt aus der griechischen Mythologie, die, halb Stier, halb Mensch, im Labyrinth des Palastes des Königs Minos auf Kreta sein Unwesen trieb.

Zum Angriff bereite Löwen

Spannend ist die Frage, zu wem die Fußspuren auf dem Boden der Höhle gehörten, die über eine Strecke von 70 Metern verfolgt werden können und 1999 entdeckt wurden. Die meisten Wissenschaftler gehen von einem etwa achtjährigen Jungen aus. Weiterhin glaubt man rekonstruieren zu können, dass das Kind in regelmäßigen Abständen eine Brandfackel gegen den Fels schlug, wohl, um den Künstlern Licht zu verschaffen.

Feuerstellen auf dem Boden der Höhle sind keine Indizien für eine dauerhafte Bewohnung, wie mitunter vermutet wird. Hier haben die Maler Kiefernhölzer verbrannt, um die Kohle für die Zeichnungen zu gewinnen. Die Stellen, so die Entdecker, sahen so aus, als seien sie gerade erloschen – und nicht vor gut 30 000 Jahren.

## Moderne Präsentation der Funde

Wie fast alle anderen Steinzeithöhlen ist auch Chauvet bis auf wenige Ausnahmen heute nicht mehr zugänglich. In der Regel dürfen nur noch Wissenschaftler die Höhle betreten. Zu sehr würden interessierte, jedoch unbefugte Besucher mit ihrem Atem, ihrem Schweiß, auch der Körperwärme und möglicherweise auch durch Unachtsamkeit dieses Wunder der frühen Menschheitsgeschichte schädigen. So wurde die Höhle nur ein paar Jahre nach ihrer Entdeckung geschlossen und mit einem schweren Tor verbarrikadiert. Außerdem wird der Eingang zur prähistorischen Schatzkammer von einer Kamera bewacht.

Dafür kann man nun ganz in der Nähe, nur einen Kilometer entfernt, eine perfekte Kopie bewundern, die 2015 eröffnet wurde. Zuvor war eine ganze Reihe von organisatorischen, finanziellen und bürokratischen Hindernissen zu überwinden. Auch in juristischer Hinsicht gab es anfangs Schwierigkeiten, denn es musste zunächst geklärt werden, wer eigentlich die Rechte an der originalen Höhle hatte. Nachdem diese Hürden genommen wurden, können sich Publikum, Medien und auch Wissenschaftler über die Möglichkeit freuen, eine berühmte prähistorische Höhle einer ausführlichen Besichtigung zu unterziehen.

Bei dieser Darstellung mit vier Pferdeköpfen konnte mithilfe von 3-D-Technik die Arbeitsweise der Künstler nachgewiesen werden.

Das Double ist nur halb so groß wie das Original, aber doppelt so eindrucksvoll wie die erste Höhle – wenn man denn keine Probleme mit steinzeitlicher Kunst im Hightech-Ambiente hat. Nicht weniger als 55 Millionen Euro ließen sich die Verantwortlichen den Spaß, die Steinzeitkunst wieder zum Leben zu erwecken, kosten. 35 Unternehmen arbeiteten an dem aufwendigen Projekt der Neupräsentation der Bilder von Chauvet. 6000 digitale Aufnahmen von hoher Qualität zaubern die Steinzeitbilder täuschend echt an die Wände von Höhle Nummer 2.

Und auch 3-D-Technik kommt gebührend zum Einsatz. Sie dient nicht nur der Veranschaulichung, sondern auch der wissenschaftlichen Erforschung der Bilder. Kunstgeschichte heißt heute auch, sich modernster naturwissenschaftlicher und technischer Methoden zu bedienen. Da die Höhle von Chauvet relativ spät entdeckt wurde, konnten hier innovative, neuere Methoden und Verfahrensweisen bei der Analyse angewandt werden, anders als bei einigen früheren Höhlen, wo aufgrund noch nicht ausgefeilter Mittel und Instrumentarien Befunde nicht sachgerecht gedeutet wurden.

Was Spezialisten der Prähistorie dem Panorama der Bilder von Chauvet an künstlerischen Erkenntnissen entlockt haben, ist beeindruckend. So konnte bei einer Abbildung, die vier Pferdeköpfe zeigt, die Arbeitsweise der steinzeitlichen Künstler mithilfe eines 3-D-Modells rekonstruiert werden. Die Künstler haben die Felswände vor dem Malen sorgfältig präpariert, dünne Schichten von Kalk entfernt und damit den Untergrund geglättet. Anschließend wurde in einem zweiten Schritt die Farbe aufgetragen, mit schwarzer Kohle, rotem Ocker und weißem Kalkstein. In einem dritten Schritt wurde die Farbe mit einem spitzen Gegenstand, in der Regel wohl einem Feuerstein, nachgeritzt, damit sich die Tiere vom Hintergrund abheben. Mit der modernen Technik kann auch gezeigt werden, wie es den Künstlern gelungen ist, den Eindruck von Bewegung, Aktivität und Beweglichkeit zu generieren. Diese Artisten der Höhlenmalerei hatten eine besondere Begabung darin, durch dezente Eingriffe an den Extremitäten die Tiere lebendig werden zu lassen. Ein Rhinozeros mit sieben Hörnern ist in der Attacke begriffen, und ein Bison mit acht Beinen wird im galoppierenden Rhythmus simuliert. Die Kunst der Chauvet-Höhle ist nicht statisch, sie erzählt, wie von Experten hervorgehoben wird, sogar Geschichten.

Das ist, wie die Chauvet-Forscher überrascht feststellten, bereits hohe Kunst. Nach der bisher vorherrschenden Lehre hätte diese so früh noch gar nicht einsetzen dürfen. Fängt die prähistorische Kunst also doch nicht mit einfachen, nicht zu sagen: primitiven Ritzzeichnungen an und entwickelt sich Schritt für Schritt weiter von einfachen Tierzeichnungen zu komplexer Malerei? Bei manchen solcher Wertungen sollte man sicher Vorsicht walten lassen. Die Geschichte der Kunst muss wegen Chauvet nicht neu geschrieben werden. Aber über manche Impulse, die von hier ausgehen, darf man sicher neu nachdenken.

Nicht jeder Kunstbegeisterte kann sich mit der Chauvet-Replik anfreunden Die Tiere wirken auf den Bildern der Reproduktionen nicht so wie im Original, geben Kritiker zu bedenken. Doch Chauvet 1 ist für das Publikum nicht geöffnet, antworten die Befürworter, und Interesse an der Steinzeit kann man beim breiten Publikum auch – und vielleicht sogar besser – durch attraktiv gestaltetet Nachbildungen wecken. Es gibt sogar nicht wenige Wissenschaftler, die der Meinung sind, dass man an den Repliken mehr von der Substanz und der Idee steinzeitlicher Kunst erkennen kann als am durch die Tausende von Jahren in seinem Erhaltungszustand schon sehr mitgenommenen Original.

Die Höhlenmalereien in Chauvet 2 sind maßstabsgerecht 1:1 reproduziert. Was die künstlerische Seite der Nachbildung angeht, so muss sie sich hinter dem Originalbau und den dortigen Bildern nicht verstecken. Federführend war hier ein Gremium von Experten, das die Arbeiten organisierte und koordinierte. Die größte Sorgfalt wurde auf Treue zum Original gelegt, sowohl bei der Verwendung der Materialien, als auch auch bei der künstlerischen Umsetzung.

## CHAUVET UND DIE ABORIGINES

Chauvet gehört mit den zu ältesten Stätten prähistorischer Höhlenmalerei. Vor mehr als 30 000 Jahren waren hier an den Höhlenwänden begnadete Künstler am Werk. Nur knapp jünger sind die Werke der australischen Aborigines. Hier kamen vor einigen Jahren Höhlenbilder zum Vorschein, die nach Auswertung der verwendeten Kohlefarben ein Alter von 28 000 Jahren aufweisen können. Entdeckt wurden die Bilder in einer Grotte im Norden des Landes mit dem Namen Nawarla Gabarnmang. Den entscheidenden Tipp, dass sich eine Untersuchung der Höhle lohnen könnte, hatten Forscher der Universität Southern Queensland von heutigen Aborigines erhalten, die sich als stolze Nachkommen ihrer prähistorischen Vorfahren sehen. Selbstbewusst verkündeten sie, dass sich australische Höhlen nicht hinter Chauvet oder den spanischen Wundergrotten zu verstecken bräuchten.

# NIAUX

## EINLADUNG IN DEN SCHWARZEN SALON

Darstellungen von Bisons im „Salon Noir“ der Höhle von Niaux

„Salon Noir" – der Schwarze Salon. Was nach einer Wohnstube des gehobenen Bürgertums mit einem Faible für dunkle Farbgebung oder gar einem magischen Ort für Okkultisten klingt, ist in Wirklichkeit der zentrale Raum in einer der bekanntesten prähistorischen Höhlen in Frankreich. Sie weist gegenüber fast allen anderen Höhlen aus dieser frühen Phase der Menschheitsgeschichte einen Vorteil der besonderen Art auf: Sie ist noch für Besucher zugänglich. Hier kann man, wenn auch nur in einem begrenzten Teil der Höhle, die Kunst der Steinzeitmenschen noch im Originalzustand bestaunen, während andere Stätten mit Nachbauten und Rekonstruktionen aufwarten müssen. Doch dürfen nicht mehr als 25 Menschen gleichzeitig hinein, die sich, mit Helm und Handleuchte versehen, in das steinzeitliche Kunstparadies begeben – natürlich nicht allein, sondern unter fach- und sachkundiger Führung versierter Höhlenbegleiter.

## Eine Entdeckungsgeschichte, die keine war

Die Höhle bei dem kleinen in 668 Metern Höhe gelegenen Ort in der Region Okzitanien in den Pyrenäen hat keine klassische Entdeckungsgeschichte, denn sie ist eigentlich nie richtig außer Betrieb genommen worden und folglich auch nie in Vergessenheit geraten. Sie lag auch nicht so weit abseits wie andere Höhlen, denen Natur und Landschaft Schutz vor ungebetenem Besuch gewährten. Doch achteten die frühen Besucher anscheinend nicht auf die prächtigen Bilder aus der Steinzeit, wussten wahrscheinlich auch gar nicht, dass es sich bei ihnen um Schätze aus der Frühzeit des Menschen handelte. Einer der ersten neuzeitlichen Gäste stattete der Höhle im Jahre 1602 einen Besuch ab. Das wissen wir, weil der Unbekannte ein Graffito mit dieser Zahl in der Höhle hinterlassen hat, um seine Anwesenheit für die Nachwelt zu dokumentieren. Das zeigt: Touristen entdeckten Niaux schon recht früh. Die Besuche wurden intensiver, als 1660 die Betreiber eines nebenan gelegenen Thermalbades damit begannen, organisierte Spaziergänge durch die Höhle anzubieten. Nach dem Vorbild des unbekannten Touristen von 1602 konnten auch diese Besucher nicht der Versuchung widerstehen, ihre Anwesenheit nachfolgenden Generationen in der Erinnerung zu bewahren. So hinterließen die Höhlenenthusiasten eine ganze Reihe von heute entfernten Inschriften. Man muss die wagemutigen Besucher nachträglich bewundern, wie sie es in der dunklen Höhle, allein mit Fackeln als Lichtquelle ausgestattet, schafften, ihre Autogramme im prähistorischen Ambiente zu platzieren. Eine einzige Inschrift ist heute noch vorhanden, im Schwarzen Salon neben dem Bild eines Bisons. Angebracht wurde sie 1660 von einem Niaux-Besucher namens Ruben de la Vialle, dessen Namen nun für alle Zeiten mit der Höhle von Niaux verbunden ist.

Allen frühen Besuchern war gemeinsam, dass sie das Innere der Höhle und die Bilder auf den Felsen zwar bestaunten, aber nicht im Geringsten ahnten, dass sie so alt sein könnten, wie sie tatsächlich waren. 1866 notierte ein Hobbyarchäologe in seinem Tagebuch, er habe in der Höhle „Wände mit lustigen Zeichnungen von Ochsen und Pferden" gesehen, und er sprach von Amateurkünstlern, die „Tiere gezeichnet haben". Die Zeit, in der man Steinzeitmenschen überhaupt künstlerische Fähigkeiten zutraute, war noch nicht gekommen. Kunst, so lautete das Dogma, begann mit den alten Ägyptern, Babyloniern und Griechen.

So sollte es bis zum Jahr 1906 dauern, bis die wahre Bedeutung der Höhlenmalereien von Niaux erkannt wurde. Dieses Verdienst gebührt einem lokalen Forscher namens Captain Molar und seinen Söhnen. Sie nahmen in dem besagten Raum die Höhle und ihre Bilder genauer unter die Lupe, insbesondere die Gemälde in dem

Namen „Salon Noir“ bekannten Hauptraum. Um diese Fundgrube steinzeitlicher Höhlenmalerei zu erreichen, mussten sie vom Höhleneingang eine Strecke von 750 Metern zurücklegen. In dieser natürlichen Rotunde reihte sich Felsbild an Felsbild mit beeindruckenden, faszinierenden Tierdarstellungen – ein wahres Panoptikum prähistorischer Höhlenkunst. Der Raum, so war den staunenden Besuchern sofort klar, musste für die damaligen Menschen eine besondere Bedeutung gehabt haben, wenn sie hier ein so breites Repertoire an darstellerischen Kapazitäten anwandten. Molar und seine Söhne ahnten wohl, dass sie auf sehr alte Malerei gestoßen waren. Zur Sicherheit konsultierten sie externen Sachverstand. Sie fanden ihn in Gestalt von Henri Breuil und Émile Cartailhac. Eine bessere Wahl hätten sie zu diesem Zeitpunkt nicht treffen können. Beides waren große Namen in der sich in Frankreich rasant entwickelnden Disziplin der prähistorischen Höhlenforschung. Wenige Jahre zuvor war in Spanien die Höhle von Altamira entdeckt worden, die neben Lascaux zur berühmtesten Grotte mit steinzeitlicher Höhlenkunst avancierte. Bei deren Erforschung hatten Breuil und Cartailhac eine wichtige Rolle gespielt, auch wenn sie sich dabei anfangs nicht gerade mit Ruhm bekleckert hatten. Cartailhac etwa hatte etwas von seiner Reputation verloren, weil er die Bilder von Altamira zunächst als „vulgären Streich eines Schmierers“ verunglimpft, sie also als moderne Fälschung angesehen hatte. Doch nachdem er seinen Irrtum eingesehen hatte, verfasste er zusammen mit seinem Kollegen Breuil das erste große wissenschaftliche Standardwerk zu den Funden von Altamira. Später war der Steinzeitexperte auch in Afrika tätig, das sich neben Europa als El Dorado der prähistorischen Höhlenkunst etablierte.

In Niaux machten Breuil und Cartailhac keine Fehler. Sie erkannten den ungeheuren kulturellen und kunsthistorischen Wert der Bilder, inspizierten den „Salon Noir“ auf das Genaueste und wiesen damit den Weg für weitere Forschungen. So begann Niaux sich langsam, aber

Der Eingang zur Höhle befindet sich in knapp 700 Metern Höhe.

sicher als feste Größe im Kanon prähistorischer Fundstätten zu etablieren. Bereits 1908 erschien von Breuil und Cartailhac ein erster Artikel über die Höhle in der Zeitschrift *L'Anthropologie*. 1925 entdeckte Joseph Mandement, der damalige Kurator der Mas-d'Azil-Höhle, weitere Bilder in einer kleinen Galerie, die er Émile Cartailhac zu Ehren „Galerie Cartailhac" nannte. Mandement hatte aufgrund seiner beruflichen Funktion viel Erfahrung mit Höhlen. Mas d'Azil hatte künstlerisch zwar nicht so viel zu bieten wie Niaux, doch fanden die Motive von ausgestorbenen Tieren wie Mammut, Ur und Wollnashorn, dazu die Porträts von Bisons, Pferden, Rehen und Hirschen ein reges öffentliches Interesse und trugen wesentlich dazu bei, dass steinzeitliche Malerei aus der Nische, in der man sie bis dahin gerne versteckt hatte, herausgeholt wurde.

In der Galerie Cartailhac wurde die bisher einzige Darstellung eines Wiesels gefunden.

## Einzigartige Funde

In der Galerie Cartailhac gibt es eine absolute Besonderheit, denn hier wurde ein Bild gefunden, das ein Wiesel zeigt – das einzige bisher bekannte Wiesel in der prähistorischen Höhlenmalerei. Zu besichtigen ist es allerdings nicht. Das Gemälde befindet sich in den der Öffentlichkeit nicht zugänglichen Teilen der Niaux-Höhle. Die Darstellung des Wiesels an der Höhlenwand gibt den Forschern Anlass zu der Frage, warum es sie nur in Niaux gibt. Sicher war das Tier damals nicht so selten, dass die Künstler es nicht auf dem Schirm gehabt hätten. Möglicherweise zählte das Wiesel normalerweise nicht zu den bevorzugten Jagdtieren.

Niaux trug nun, nachdem der historische Wert erkannt worden war, wesentlich dazu bei, dass Höhlen und Höhlenmalerei in Frankreich und Spanien Hochkonjunktur hatten. Menschen, die sich ihre Erforschung auf die Fahnen schrieben, galten nicht länger als exotische Sonderlinge mit abseitigen wissenschaftlichen Interessen. Und es kam dem Ansehen einer Höhle auch immer zugute, wenn entweder spektakuläre oder rätselhafte Funde getätigt wurden. Das war in Niaux im Jahr 1949 der Fall, als eine Reihe von Fußabdrücken entdeckt wurden. Man identifizierte sie als die Spuren zweier prähistorischer Kinder im Alter zwischen neun und zwölf Jahren. Diese Entdeckung berührte die Menschen auch deshalb in besonderer Weise, weil hier historisches Alter mit biologischer Jugend zusammentraf, was einen eigenartigen Kontrast zwischen Gegenwart und Vergangenheit bildete.

Überhaupt der Fußboden: Stück für Stück arbeiteten sich Forscher weiter in der Höhle vor, wobei es gewaltige natürliche Hindernisse wie unterirdische Seen zu überwinden galt. Lohn der Mühe war die Entdeckung weiterer Galerien mit Gravierungen im Fußboden und auch einer großen Anzahl prähistorischer Fußabdrücke. Diese Abdrücke beweisen, dass die Steinzeitmenschen bis weit in die Tiefen der Höhle vordrangen, sei es aus Neugier, sei es aus kultischen Gründen. Bei den Kinderspuren ist zu vermuten, dass sie von Initiationsritualen stammten. Gelebt haben auch diese Menschen dort nicht, denn auch Niaux diente, wie alle anderen Höhlen, nicht als Wohnbereich. In die Höhle ging man, um Schutz zu suchen oder sich zu versammeln, nicht, um dort zu siedeln. Die Gruppen der Jäger und Sammler lebten in einfachen Hütten und Zelten.

500 Meter entfernt von Niaux, auf der anderen Talseite, befindet sich eine weitere Grotte, die La-Vache-Höhle. Manche Forscher behaupten, es habe sich um den Wohnsitz der Menschen

Darstellung eines schwarzen Ziegenbocks in Niaux

gehandelt, die die Bilder in Niaux anfertigten. Dafür sprechen ihrer Ansicht nach die in der La-Vache-Grotte gefundenen Werkzeuge und kunstvoll angefertigtes Mobiliar, dazu kostbare Elfenbeinschnitzereien. Aus diesem Befund schlossen sie, dass die Gruppen im Winter von der Ebene in diese Höhle zogen, um auf Steinbockjagd zu gehen, solange die üblichen Jagdgründe mit Schnee bedeckt waren. Im späten Frühjahr seien sie dann wieder in die Ebene gezogen, um Bisons zu jagen. Es sind dies jedoch keine definitiven Beweise dafür, dass hier die Regel außer Kraft gesetzt wurde, wonach Steinzeitmenschen nicht in den Höhlen wohnten. Um Steinböcke zu jagen, mussten sie keine Höhle beziehen, und Gegenstände aus Elfenbein deuten auch nicht auf normales Hausinventar hin, sondern sprechen eher für einen zeitweiligen Versammlungsplatz für kultische Zeremonien.

In die entfernten Regionen der Höhle kommen normale Besucher heute nicht hinein, erstens, weil es zu gefährlich ist, zweitens, weil die Artefakte geschützt werden müssen. So ist der „Schwarze Salon“ nach wie vor die Hauptattraktion der Höhle von Niaux. Und dies völlig zu Recht – es gibt kaum eine andere Höhle, die in einem einzigen großen Raum in einer solchen Dichte Tierbilder aus der Steinzeit präsentiert. Wer nicht die Gelegenheit hat, die Originalhöhle zu bewundern, kann in Tarascon-sur-Ariège, nicht weit von Niaux entfernt, im Prähistorischen Park eine Nachbildung der Höhle besichtigen.

Wie bei allen Höhlen mit Malereien, so stellte sich auch bei Niaux die vorrangige Frage, wann die Menschen gelebt haben, die sich hier als Künstler betätigten. Als hilfreich erwiesen sich bei der chronologischen Bestimmung einmal mehr die Reste von Holzkohle, die sich in den verwendeten Farben und verstreut am Boden befanden, wo die Künstler die Farbe bearbeiteten und für das Auftragen an den Wänden präparierten. Die Untersuchungen ergaben, dass die Menschen die Höhle etwa 1000 Jahre lang als Atelier benutzten. Die Bilder entstanden in einem Zeitraum, der zwischen 13 500 und 12 500 Jahren zurückliegt.

## Das Magdalénien

Historisch ist dies die Periode der jüngeren Altsteinzeit, des Paläolithikums, gewesen. Die Menschen, die damals lebten, werden dem Typus des Magdalénien zugeordnet. Diese Bezeichnung hat die Wissenschaft nach der prähistorischen Fundstätte La Madéleine in der Dordogne gewählt. Was man über diese Kultur allgemein weiß, darf man auch auf die Menschen von Niaux übertragen. Demnach müssen sie außerordentlich kreativ und innovativ gewesen sein. So haben sie auf dem Gebiet der Waffentechnik eine Speerschleuder entwickelt, die sich auf den Erfolg bei der Jagd sehr vorteilhaft ausgewirkt hat, wurde dadurch doch die Treffsicherheit deutlich erhöht. Auf dem Textilsektor gab es eine kleine Revolution, indem man ein Nadelöhr zum Einsatz brachte, was die Herstellung von Kleidung wesentlich vereinfachte. Zugleich errang der Hund durch Domestizierung jenen Ruf als treuer Freund des Menschen, den er auch heute noch hat. Dass der Mensch des Magdalénien gerade die Gegend um Niaux als Jagdgebiet und Lebensraum wählte, dürfte kein Zufall, sondern das Ergebnis genauer Beobachtung der landschaftlichen und klimatischen Verhältnisse gewesen sein. Die Höhle liegt in einem steilen Tal, oberhalb des Flusses Ariège. Die Region weist aufgrund eines milderen Mikroklimas als es im Norden vorherrscht, eine besondere Topografie auf. In der späten Eiszeit von einem Gletscher bedeckt, begann es in dem Tal gleich nach dem letzten glazialen Maximum zu schmelzen. Als die Künstler dabei waren, die Höhlenwände mit Bildern zu schmücken, war das Eis verschwunden und der Zugang zur Höhle offen.

Was hatte es mit diesen rätselhaften Zeichen auf sich?

Neben anderen Vorzügen war der Mensch des Magdalénien besonders aktiv in Sachen Höhlenkunst – gemeinhin gilt die Malerei dieser Zeit als ein Höhepunkt prähistorischen Kunstschaffens überhaupt. Dies ist kein Zufall, denn das Magdalénien profitierte von dem in den Zeiten davor entwickelten künstlerischen Knowhow. Es ist eine Streitfrage in der prähistorischen Wissenschaft, ob sich die Kunst der Steinzeit von primitiven Anfängen bis hin zur Perfektion im jüngeren Paläolithikum kontinuierlich weiterentwickelt hat oder ob es immer wieder Wellen großen und mit weniger großen Leistungen gegeben hat. Manche Höhlen mit Bildern von hoher Qualität, die früh entstanden sind, scheinen für die zweite Variante zu sprechen. Doch gilt auf der anderen Seite die entgegengesetzte Erkenntnis, dass es im Magdalénien in Relation zu frühen Phasen deutlich mehr künstlerisch herausragende Erzeugnisse gegeben hat.

Niaux ist jedenfalls einer der besten Belege dafür, dass die Höhlenkunst vor gut 10 000 Jahren einen Höhepunkt erlebte. Dies gilt vor allem für den „Salon Noir“, in dem sich 80 Prozent aller Bilder der Höhle befinden. Die auf die Wände gezauberten Tiere spiegeln die Fauna der Zeit wider, in der die Menschen des Magdalénien hier lebten und auf die Jagd gingen: Bisons, Pferde, Steinbö-

cke und Hirsche, die nach erfolgreicher Jagd auf dem Speisezettel der Jäger und ihrer Familien standen. Auf den Bildern sind sie noch sehr lebendig, gemalt mit roten oder weißen Pigmenten aus Hämatit (Roteisenstein) und Mangandioxid (Braunstein).

Der Eingang der Höhle erwartet die Besucher mit respektablen Ausmaßen: Er ist 55 Meter hoch und 50 Meter breit. Innen führt die Höhle in ein verzweigtes System von Gängen und Galerien. In der Steinzeit gab es wahrscheinlich noch einen weiteren Eingang, außer dem, der in den „Salon Noir" führt. Er befand sich bei der Galerie Réseau Clastres, die Verbindung liegt heute unter Wasser, sodass sie eine eigene Höhle bildet. Bis zum „Salon Noir" mussten die Steinzeitmenschen, wie auch die heutigen Besucher, 750 Meter zurücklegen. Doch heute verläuft der Gang durch die Höhle komfortabler. Die steinzeitlichen Künstler, die den Auftrag oder den Wunsch hatten, im „Salon Noir" Bilder an die Wände zu malen, mussten den Weg zum Ende der Grotte mit einfachen Öllampen oder Fackeln aus Harz finden. Und wenn sie sich dann in der Höhle ans Werk machten, hatten sie für die Bilder keine Vorlagen vor sich, und natürlich auch keine echten Tiere. Sie mussten alles aus dem Gedächtnis malen. Angesichts der Genauigkeit, mit der die Bilder hergestellt wurden, kann man diese unbekannten Künstler nur bewundern.

Die verschiedenen Räume und Galerien der Niaux-Höhle sind durch einen gewundenen Hauptweg miteinander verbunden. Auf den ersten 400 Metern des Weges sind keine Felsbilder zu entdecken. An den Wänden befinden sich Zeichen, Punkte, Striche, Linien und weitere abstrakte Symbole, für die es unterschiedliche Interpretationen gibt. Vielleicht sind es Wegweiser, die den steinzeitlichen Menschen zeigen sollten, wo sich die Bildergalerien befanden. Aus diesem Befund würde sich ergeben, dass die Stellen, an denen die Bilder angebracht wurden, nicht willkürlich gewählt waren, sondern dass den Künstlern feste Plätze zugewiesen wurden. Ob es sich bei diesen um eine Art heiliger Orte handelte oder, wie in letzter Zeit vermehrt gemutmaßt, diese speziellen Stellen die Arbeitsplätze von Schamanen waren, muss dahin gestellt bleiben. Auf jeden Fall stand hinter der Malerei eine Art von Organisation. Die Maler durften nicht einfach dort malen, wo sie wollten, sondern mussten sich nach Vorgaben richten, die von Clanchefs, Priestern oder auch Schamanen (wenn man den großen Einfluss, den man ihnen heute bei der Höhlenmalerei zuschreibt, akzeptieren will) ausgingen.

Am Ende dieses Weges befindet sich der Zugang zu einer Eingangsgalerie (Galérie d'Entrée), wo die ersten Tierbilder – sie erscheinen an der Höhlenwand alle im Profil – und in den Fels gravierten Zeichen auftauchen. Daran schließt sich der Höhepunkt an, der „Salon Noir". Man hat den Schwarzen Salon mit einer Kathedrale verglichen, und dies völlig zu Recht. Die schiere Größe des Raumes vermittelt unwillkürlich eine beinahe sakrale Aura, und die knapp 100 Bilder an den Wänden wirken wie die bunten Fenster in christlichen Gotteshäusern. Der Schwarze Salon von Niaux erweckt wie kaum eine andere Galerie in der prähistorischen Höhlenmalerei die Vorstellung, dass diese Höhlen eine sakrale, kultische Funktion gehabt haben müssen. Man fühlt sich hier den religiösen Vorstellungen der Nutzer näher als irgendwo anders. Gleichwohl ist über die Religion der Magdalénien-Menschen zu wenig bekannt, um über diese Emotionen hinaus zu einem tieferen Verständnis dessen zu gelangen, welche Vorstellungen sie von Gott, der Welt und der Natur hatten.

Dem Höhepunkt des Schwarzen Salons folgt noch eine Reihe weiterer Galerien. Die „Galerie der großen Kuppel" ragt durch zwei rot-schwarze Bilder von Pferden und einer Vielzahl abstrakter Zeichen heraus. Nach Süden führt eine Passage in die bereits erwähnte Cartailhac-Galerie und in das „Clastres-Netzwerk" mit den zahlreichen Fußabdrücken.

## Weitere Höhlen in der Umgebung

Niaux ist kein isoliertes, einzigartiges Phänomen in der Welt der steinzeitlichen Pyrenäen.

Abdrücke von Händen mit verkürzten Fingern in der Höhle von Gargas

In der Umgebung gibt es weitere Höhlen, mit denen die Nutzer der Höhle von Niaux sicher in Verbindung standen. Die Höhle von Gargas liegt in einer Höhe von 700 Metern (also etwas höher als Niaux) in der Nähe der Stadt Aventignan. Erforscht wurde sie wie Niaux von dem Duo Henri Breuil und Émile Cartailhac. Die Malereien in der Höhle sind älter als die von Niaux. Radiokarbon-Untersuchungen ergaben eine Entstehungszeit von vor über 28 000 Jahren. Zum Vorschein kam eine Vielzahl von Handabdrücken, wie sie auch aus anderen Höhlen bekannt sind. Die Tatsache, dass bei vielen Händen Fingerkuppen fehlen – mal eine, mal mehrere – hat in der Forschung zu zahlreichen Diskussionen geführt (siehe dazu in diesem Buch die Ausführungen zu El Castillo in Spanien und der Höhle der Hände in Argentinien).

Die Höhle von Tuc d'Audoubert befindet sich ebenfalls in den Pyrenäen, im Departement Ariège. Wer machte sich um ihre wissenschaftliche Erschließung verdient? Natürlich Henri Breuil und Émile Cartailhac. Datiert wird sie in das mittlere Magdalénien, gehört also in denselben zeitlichen Kontext wie Niaux. Die Höhle wurde intensiv für Zeichnungen und Malereien genutzt. An Tieren werden Pferde, Bisons, Rentiere und Raubkatzen präsentiert. In der Höhle finden sich auch Fußspuren, vermutlich wieder von Kindern. Direkt neben der Höhle von Tuc d'Audoubert befindet sich die Höhle von Enlène. Sie bietet weniger Höhlenbilder als vielfältige Dokumente prähistorischer Kleinkunst wie Muscheln, Nähnadeln und Steinschleudern. Heuschrecken, Vögel und ein Frosch bilden ein ungewöhnliches Ensemble steinzeitlicher Gravuren. Tuc d'Audoubert und Enlène bilden gemeinsam mit der Grotte des Trois-Frères (Drei-Brüder-Höhle) die Trias der Höhlen des Volp. Dieser Fluss ist geologisch für die Entstehung der Höhlen verantwortlich, und so liegen alle drei Höhlen in unmittelbarer Nachbarschaft zueinander. Der eigenartige Name bezieht sich auf die Entdeckung: Im Jahre 1914 stießen drei Söhne eines Grafen auf den Eingang zur Höhle. Sie enthält einige bedeutende Exponate der frankokantabrischen Höhlenkunst, als Hauptattraktion zwei Mischwesen, zur Hälfte Mensch, zur Hälfte Tier. Eine dieser Gestalten nennen die Franzosen „sorcier", Magier oder Hexenmeister, wahlweise auch Schamane, in dem Maße, wie die Höhlenbilder in jüngerer Zeit gerne im Zusammenhang mit magischen Ritualen in Verbindung gebracht werden. Die bevorzugten Tierdarstellungen sind Wisent, Pferd und Rentier. Mit der Enlène-Höhle ist die Drei-Brüder-Höhle durch einen 65 Meter langen Gang verbunden.

## DAS GEHEIMNNIS DER SCHRIFT – GELÖST?

Verfügten die Jäger und Sammler von Niaux bereits über eine Schrift? Will man Wissenschaftlern der britischen Universität Durham Glauben schenken, war dies der Fall. Das soll sich aus den Zeichenfolgen aus Punkten und Linien ergeben, die, wenn sie in direkter Verbindung mit Felsbildern von Tieren stehen, Zahlen darstellen, die wiederum die einzelnen Monate des Kalenders markieren. Dabei handelt es sich um einen Mondkalender, der sich an dem 28-tägigen Zyklus des Mondes orientiert. Der Jahresbeginn liegt im Frühling, wenn die Natur zu neuem Leben erwacht. Die Forscher liefern auch eine Erklärung dafür, dass auf den Wänden der Höhlen auffällig häufig das Zeichen Y auftaucht: Es soll für das Gebären oder die Geburt stehen. Die Position des Y innerhalb einer Folge von Markierungen bezeichnet nach der Deutung der Wissenschaftler den Geburtsmonat der jeweils abgebildeten Tierart. Punkte verraten die jeweilige Paarungszeit. Ist damit das Geheimnis prähistorischer Schrift gelöst? Vielleicht für die Kultur von Niaux. Doch gab es keine einheitliche Schrift, jede prähistorische Kultur benutzte, wenn sie denn überhaupt über eine Schrift verfügte, ihre eigenen Zeichensysteme.

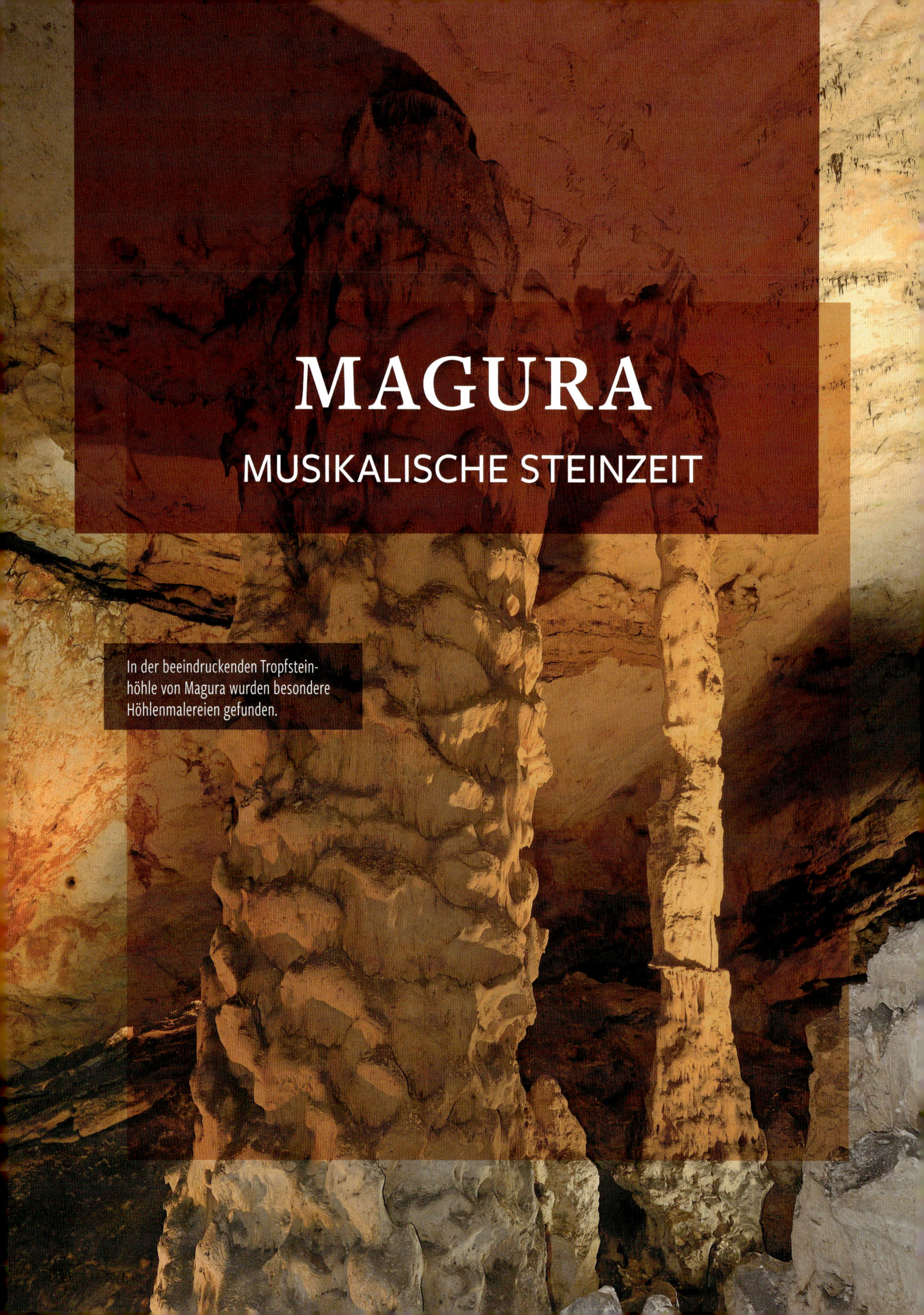

# MAGURA

## MUSIKALISCHE STEINZEIT

In der beeindruckenden Tropfsteinhöhle von Magura wurden besondere Höhlenmalereien gefunden.

Trägt man die Fundstätten steinzeitlicher Höhlenmalerei in eine Karte ein, so ergibt sich ein deutliches geografisches Schwergewicht auf Westeuropa, genauer: auf Spanien und Frankreich, in der die sogenannte frankokantabrische Höhlenkunst entstand. Mittel- und Osteuropa fristen in dieser Hinsicht ein eher bescheidenes Dasein. An Höhlen herrscht zwar auch hier kein Mangel, auch nicht an solchen mit Malereien, aber der Schwerpunkt liegt doch im Westen. Daraus wurde in der Vergangenheit häufig der Schluss gezogen, die Steinzeitmenschen des westlichen Europas seien kreativer und innovativer gewesen als jene, die zu den prähistorischen Kulturen des Ostens gehörten. Diese Einschätzung mag auch mit einer Art von Kulturkampf, einer weit zurückreichenden und im 19. und 20. Jahrhundert neu belebten ideologischen Auseinandersetzung zwischen West und Ost um die kulturelle Deutungshoheit als Fortsetzung politischer Kontroversen, zusammenhängen. Selbst die weit zurückliegende, an sich unpolitische Steinzeit konnte auf diese Weise politisch instrumentalisiert werden. Wer die schönsten Höhlen mit den schönsten Malereien hatte, war auch kulturell und politisch überlegen.

Wie bei allen ideologisch motivierten Kontroversen stimmt diese Einschätzung mit der Realität nicht überein. Nach jetziger Fundlage ist es zwar tatsächlich so, dass es im Osten Europas kein Lascaux und kein Altamira gab, aber diese Leuchttürme der prähistorischen Kunst sind nicht repräsentativ für die westeuropäische Höhlenkunst insgesamt. Weiterhin ist davon auszugehen, dass viele Höhlen in Osteuropa noch gar nicht entdeckt sind, zumal es lange Zeit an systematischen archäologischen Untersuchungen fehlte. Zu bedenken ist auch, dass es in Mittel- und Osteuropa steinzeitliche Höhlenmalerei gegeben hat, die heute nicht mehr erhalten ist. Nicht überall sind die Bedingungen der Konservierung so günstig gewesen, wie bei Höhlen in Spanien und Frankreich.

Und schließlich hat Osteuropa, wenn auch nicht in der Quantität, so doch in der Qualität einiges an Höhlenmalerei zu bieten, das den Vergleich mit Spa-

## HÖHLENMALEREI IN DEUTSCHLAND

Vor einigen Jahren sorgte eine Meldung für Schlagzeilen: In einer Höhle im oberfränkischen Landkreis Bamberg seien 12 000 Jahre alte prähistorische Gravuren zum Vorschein gekommen, die ersten überhaupt in Deutschland. Damit habe sich auch Deutschland endlich in die Reihe der Höhlenmalereien produzierenden Länder eingereiht. Allerdings betrat Deutschland die prähistorische Kunstbühne nicht mit den üblichen Bildern von Jagd und Jagdtieren. In den in den Fels geritzten Kerben und Linien glaubte man vielmehr teils sehr freizügige Frauengestalten und sexuelle Symbole zu erkennen. Neuere Forschungen legen jedoch nahe, dass die Zeichnungen nicht von Menschenhand geschaffen wurden, sondern dass sie auf natürliche Weise entstanden sind, etwa als Kratzspuren von Tieren. Menschliche Ritzzeichnungen hinterlassen zudem aufgrund der benutzten Werkzeuge signifikante, in Franken nicht vorhandene Spuren wie zum Beispiel dünne Linien. Mit Höhlenmalereien kann Deutschland also bis auf Weiteres nicht aufwarten, kann sich aber mit Perlen der Eiszeitkunst wie der berühmten Venus vom Hohle Fels von der Schwäbischen Alb trösten.

Mit Höhlenmalerei kann Deutschland nicht dienen, wohl aber mit der 35 000 Jahre alten Venus vom Hohle Fels.

nien oder Frankreich generell nicht scheuen muss. So gibt es etwa im südlichen Ural Höhlen mit künstlerisch anspruchsvollen Darstellungen von Mammuts und Nashörnern, und die Wahl dieser Motive zeigt, dass die Künstler in Osteuropa ein ähnliches Repertoire hatten wie ihre Kollegen im Westen.

Nicht alle Höhlen wurden allerdings als Galerien verwendet. Das gilt beispielsweise für die berühmten Tropfsteinhöhlen von Postojna und Škocjan in Slowenien. In Postojna gibt es einen ganzen Höhlenkomplex, nach der Jeita-Grotte im Libanon die weltweit zweitgrößte ihrer Art. Wegen ihrer Dimensionen war sie schon früh bekannt, hier gaben bereits mittelalterliche Touristen ihre Visitenkarten ab, auch in Form von Graffiti. Škocjan ist eine weitere touristische Attraktion, hierher strömten bereits in der Antike zahlreiche Besucher, um dieses Naturwunder zu bestaunen.

## Eine beeindruckende Tropfsteinhöhle in Bulgarien

Als ein Vorzeigeobjekt osteuropäischer Höhlenmalerei kann vor allem die Höhle von Magura in Bulgarien gelten. Sie liegt im äußersten Nordwesten des Landes, in der Nähe des Dorfes Rabischa, in einer Höhe von 463 Metern über dem Meeresspiegel in einem Kalksteinhügel. Die Höhle besteht aus einer 700 Meter langen Hauptgalerie mit sechs unterschiedlich großen Hallen und drei Verzweigungen. Insgesamt hat sie eine Länge von 2,5 Kilometern. Entdeckt wurde sie 1960, seit 1984 gehört sie zum UNESCO-Kulturerbe. Archäologisch ist sie bisher erst ansatzweise erforscht. Manche Ecken des Höhlenkomplexes harren noch einer systematischen Untersuchung. Auch das bisher bereits Bekannte ist noch nicht vollständig analysiert. Aber schon jetzt ist klar: Der Name Magura wird in Zukunft nicht fehlen, wenn von steinzeitlicher Höhlenmalerei die Rede ist.

Auch wer sich nicht sonderlich für die Kunst der Steinzeit interessiert, kann sich dem Zauber der Höhle schwerlich entziehen. Sie ist neben der künstlerischen Qualität eine Perle der Natur. Die Stalaktiten und Stalagmiten sind von einzigartiger Schönheit. Einer der Stalaktiten mit einem Durchmesser von vier Metern ist mehr als 20 Meter hoch und damit einer der größten in Europa. Zusammen bilden Natur und Kunst ein ganz besonderes Ensemble.

Die Malereien sind von außerordentlicher künstlerischer Qualität. Aber auch ihr Erhaltungszustand ist beachtlich. Dafür sorgten über die Jahrhunderte hinweg zwei Faktoren: zum einen das konstante Raumklima von zwölf Grad, zum anderen das Fehlen von Lichtquellen, die sich auf die Konservierung der Farben ungünstig hätten auswirken können. In der jüngeren Vergangenheit gab es allerdings eine Reihe von Schwierigkeiten und Turbulenzen. Zu beklagen waren extreme Akte von Vandalismus mit zum Teil zerstörerischen Aktivitäten. Deshalb wurde die Galerie 2007 für den offiziellen Publikumsverkehr geschlossen. Zu schaffen macht den Bildern auch die natürliche Erosion. So ist der Fels, der die Bilder umrahmt und zusammenhält, bereits in Mitleidenschaft gezogen. Die Bilder an sich aber werden (noch) durch eine isolierende Schicht aus Erde und Guano geschützt, sodass hier noch keine Alarmstimmung herrscht.

Genutzt wurde die Höhle bereits in der Altsteinzeit. Vor gut 50 000 Jahren waren es Neandertaler, die sie als Schutz vor Unwettern und wilden Tieren in Anspruch nahmen. Gemalt wurde allerdings erst sehr viel später, seit der jüngeren Altsteinzeit. Etwa um 8000 v. Chr. begannen die Künstler, die kahlen Felswände in Gemäldegalerien zu verwandeln. Und auch in der Folgezeit wurde fleißig weiter gemalt, bis in die Bronzezeit hinein.

Die wundersame Welt der Bilder beginnt etwa 370 Meter vom Höhleneingang entfernt. Die Galerie ist der höchste Teil der Höhle. Sie ist bis zu 24 Meter hoch und 240 Meter lang und hat einer Gesamtfläche von 3750 Quadratmetern. Die bemalte Hauptwand weist auf einer Länge von 105 Metern zwölf Abteilungen auf, dazwischen befinden sich jeweils nicht bemalte Flächen Strecken von fünf bis elf Metern Länge.

Die Motive der Höhlenmalereien sind von einer großen Vielfalt gekennzeichnet. Natürlich stehen, wie bei allen steinzeitlichen Grotten, Tiere ganz oben auf der Liste. Dabei handelt es sich im Wesentlichen um die Jagdtiere, die zur Erlebniswelt

Die Wandmalereien befinden sich im höchsten Teil der Höhle von Magura.

der Steinzeitmenschen und damit zum Repertoire der prähistorischen Künstler zählten, wie Bisons, Hirsche, Steinböcke, auch Bären und Vögel. Doch das ist nicht alles: Die Magura-Bilder bieten ein ganzes Panorama an lebendigen Szenen aus Alltag und Kult. Die Menschen sind nicht nur auf der Jagd, sie werden auch maskiert beim Tanzen und religiösen Zeremonien porträtiert. Schon daran wird deutlich, dass die Höhle eine wichtige rituelle Funktion im Leben der Gruppen hatte, die sie nutzten. Hinzu kommt eine faszinierende, abwechslungsreiche Dekoration mit Sternen, Pflanzen, Werkzeugen und anderen Gerätschaften.

## Musik und Tanz

Die Anatomie der menschlichen Gestalten ist wie aus einem Guss, man hat den Eindruck, dass sie alle von einem einzigen Künstler geschaffen wurden oder aber von einer Gruppe, die sich denselben künstlerischen Prinzipien verpflichtet fühlte. Die Frauen tanzen mit erhobenen Händen, haben den Oberkörper entblößt oder tragen – als Kontrast – hochgeschlossene, weite Kleider, teilweise mit einem Gürtel um die Hüfte. Die Frauen bewegen sich um unbekleidete Männer herum, offenbar handelt es sich um ein Fruchtbarkeitsritual oder um eine musikalisch untermalte Herbeiführung von sexuellen Kontakten: Am Ende des Tanzes, so darf man sich den Fortgang der Szene vorstellen, steht die körperliche Vereinigung von Männern und Frauen – insofern eine sehr naturalistische und zugleich, was den Effekt angeht, realistische Szenerie.

Wo getanzt wird, gibt es auch Musik, und dafür braucht man Instrumente. Vor diesem Hintergrund kommt einer Darstellung besondere Bedeutung zu, die als prähistorisches Musikinstrument gedeutet werden kann. Abgebildet ist eine Figur innerhalb einer musizierenden und tanzenden Gruppe. Verteilt sind die Figuren auf zwei Ebenen: oben die bereits erwähnten tanzende Frauen und nackten Männer, mit dunkler Ockerfarbe mit den Fingern in den Felsen gedrückt. Unten zwei Figuren, die für die Musik verantwortlich sind und die dafür geeignete Instrumente parat halten. Der eine, aufrechtstehend, hält in der linken Hand einen Bogen, in der rechten eine Art Streichbogen, mit dem er der Bogensehne Töne entlockt. Die zweite Gestalt

Szene mit tanzenden und musizierenden Figuren sowie Tieren

bearbeitet mit beiden Händen eine Zweimembranentrommel, die sie vor der Brust trägt. Die musikgeschichtliche Bedeutung dieser steinzeitlichen Darstellung kann nicht hoch genug eingeschätzt werden. Stimmt die Interpretation der Szene, handelt es sich hier um eines der frühesten Zeugnisse eines Streichbogens. Wenn man auch nicht genau weiß, wie die Töne, die der Musiker damit produzierte, konkret klangen, so vermittelt das Bild doch zumindest eine ungefähre Vorstellung von der prähistorischen Musik, die bei kultischen Veranstaltungen zum Einsatz kam.

Neuere Forschungen haben weitere Erkenntnisse zu Ablauf und Funktion dieser Höhlenkonzerte erzielt. So dienten die musikalischen Töne dazu, den Kontakt zu den verstorbenen Ahnen herzustellen. Es galt, deren Weisheit und Erfahrungen in einer Art Initiationsritual an die Jüngeren weiterzugeben. So erklärt sich vielleicht auch der Umstand, dass in vielen Höhlen die Fußspuren von Kindern entdeckt wurden. Darüber hinaus mag die musikalische Höhle ein Ort für Hochzeits- und Jagdrituale gewesen sein und auch ein Platz für therapeutische Behandlungen.

Für Magura kann das ganze musikalische Gebäude aber noch einstürzen. Weniger optimistische Kritiker geben zu bedenken, es könne sich bei der Darstellung statt um einen Streichbogen auch um die spiegelverkehrte Abbildung eines Jagdbogens mit dazugehörigem Pfeil handeln. Auch wenn man nicht weiß, wie es zu der spiegelverkehrten Darstellung kommen konnte, sollte diese Interpretation, will man keine musikgeschichtliche Enttäuschung erleben, nicht ganz außer Acht gelassen werden.

Stimmt aber die musikalische Interpretation, so kann man sich leicht vorstellen, wie stimmungsvoll ein solches Konzert in der eigentümlichen Atmosphäre der Höhle gewesen sein muss. Noch heute finden in der Magura-Höhle gelegentlich Konzerte statt, was eine schöne künstlerische Kontinuität bedeuten würde. Die Akustik ist einmalig.

Eine Besonderheit von Magura ist die Maltechnik der Künstler. Neben den üblichen Farben erzeugenden Substanzen wie dunkler, ockerfarbiger Erde kam hier Fledermausguano zum Einsatz. Guano ist ein feinkörniges Pulver, das in vielen

Kulturen als Dünger eingesetzt wird. Es entsteht, wenn die Exkremente von Vögeln auf kalkreichem Boden verwittern. Die prähistorischen Menschen von Magura nutzten die Exkremente von Fledermäusen. Noch heute schwirren viele Exemplare von ihnen durch die Höhle. Mit der Verwendung dieser organischen Substanz verfügten die Höhlenkünstler von Magura fast über ein Alleinstellungsmerkmal. Sonst ist dieses Verfahren nur noch aus einer Höhle in Italien (Grotta dei Cervi in Apulien) bekannt.

## Schöpfungsgeschichte oder Sonnenkalender?

Die Höhle von Magura ist ein geheimnisvoller Ort. Manche der Zeichen und Symbole an den Wänden haben zu allerlei Spekulationen und Hypothesen Anlass gegeben. Manchmal sind sie sehr abenteuerlich, und es empfiehlt sich, nicht alles für bare Münze zu nehmen. Es bleibt ein großes Problem bei der Interpretation der steinzeitlichen Höhlenmalerei, dass wir nicht genau wissen, was sich die Künstler bei ihren Bildern gedacht haben. Hatten sie überhaupt tiefgründige Botschaften? Oft hat man den Eindruck, dass moderne Deutungen mehr über heutige Vorstellungen und Ideen aussagen als über die Denkweise und Mentalität der damaligen Menschen selbst. Das gilt bei Magura insbesondere für die Schöpfungsmythen, die man in dem Bildprogramm hat erkennen wollen. Das gleichermaßen Inspirierende wie Problematische an der Deutung dieser Gemälde ist der Umstand, dass man zwar gewisse Regeln und Gesetzmäßigkeiten erkennen kann, vieles aber letztlich spekulativ bleiben muss. So wurde einzelne Bilder in Magura als eine zusammenhängende, in sich geschlossene Erzählung gedeutet, die in sieben Kapiteln eine

Ist hier ein früher Sonnenkalender dargestellt?

Schöpfung präsentieren. Vordergründig sind die Schlussfolgerungen verlockend, doch besteht das grundsätzliche Problem, dass es sich um ein nicht zu beweisendes modernes Konstrukt handelt, das zudem von der Sache her mehr als unwahrscheinlich ist.

Solche Hypothesen konnten im Zusammenhang mit den Malereien von Magura auch deswegen entstehen, weil diese Kulturen tatsächlich eine besondere Innovation aufzuweisen hatten, die auf eine beachtliche Kenntnis astronomischer Gegebenheiten schließen lässt. Aber auch hier ist Vorsicht geboten: Wir haben nur die Zeichen und Symbole und können ohne „Gebrauchsanweisungen" keine weitergehenden Schlüsse ziehen. Sicher dürfte jedoch sein, dass es sich hier um eine sehr frühe Ausgabe eines Sonnenkalenders handelt. Bedarf nach Einteilung der Zeit bestand allemal bei Kulturen, die mit dem Wechsel der Jahreszeiten lebten und überhaupt einen starken Naturbezug hatten, wozu auch die Beobachtung von Himmelserscheinungen gehörte. Die Symbole, die als Sonnenkalender gedeutet werden können, befinden sich im hinteren Teil der Höhle. Links oben ist ein Zeichen aufgemalt, das als stilisierte Sonne identifiziert werden kann. Daneben sind 19 Punkte markiert, die man als einen sogenannten Meton-Zyklus deuten kann: Nach 19 Jahren haben Mond und Sonne dieselben Lage auf ihrer Umlaufbahn erreicht. Weitergehende Deutungen sind spekulativ, so wie das auf 366 Tage berechnete Jahr und die Angabe von mindestens fünf Feiertagen. Wenn es sich bei diesen Symbolen tatsächlich um Teile eines Kalenders handeln sollte, würde dies – zusammen mit den Darstellungen der tanzenden, maskierten Figuren – die Einschätzung bekräftigen, dass die Höhle von Magura eine wichtige kultische und zeremonielle Funktion hatte.

Einige Paläologen und Archäologen haben nun die Umgebung der Magura-Höhle inspiziert, andere Felszeichnungen überprüft und dabei auch Felsformationen wie die benachbarten Belogradtschiker Felsen unter die Lupe genommen. Sie kamen zu einem bemerkenswerten Ergebnis: Die rätselhaften Zeichen in der Magura-Höhle gehören, so heißt es, in den Kontext einer Wissenszentrale. Die Höhle sei eine Art Bibliothek gewesen, in der das kulturelle und kultische Know-how der dort lebenden Steinzeitmenschen gesammelt worden sei.

## DIE STEINZEITHÖHLE ALS SEKTKELLER

Sekt haben die prähistorischen Nutzer der Höhle von Magura sicher nicht getrunken. Heute aber dient sie auch als Produktions- und Lagerstätte von Champagner. Das Getränk erreicht unter den klimatischen Bedingungen der Höhle einen ähnlichen Reifegrad wie die französischen Schaumweine. Ein Glas Magura-Sekt aus prähistorischem Ambiente zu genießen, bedeutet ohne Zweifel den krönenden Abschluss einer Tour durch die steinzeitliche Höhle.

# BRANDBERG

## DAS RÄTSEL DER „WEISSEN DAME“

Jagdszene am Brandbergmassiv

Knapp 2600 Meter ragt der Königstein im Brandbergmassiv in den Himmel Namibias und ist damit der unangefochten höchste Berg im südwestlichen Afrika. Die indigenen Herero nennen das Massiv Omukuruvaro, „Berg der Götter“. Beide Namen haben ihre Berechtigung. Für die Menschen, die dort leben, ist der Berg seit ewigen Zeiten der Sitz ihrer Götter. Und warum die Europäer den Brandberg so nannten, erschließt sich sofort, wenn man einmal das Massiv im Licht der gleißenden Mittags- oder der glutroten Abendsonne gesehen hat. Der Brandberg ist aber nicht allein ein Naturwunder. Mit seinem Namen verbindet die Wissenschaft eine der grandiosesten Stätten der frühzeitlichen Fels- und Höhlenmalerei. Moderne Bewunderer sprechen gar von einem „Louvre der Felsmalerei“. Zwar erreichen diese Kunstwerke nicht das Alter von Stätten wie Altamira oder Lascaux. Dafür beeindrucken sie durch ihre Vielfalt und Qualität und durch eine ganz besondere Figur, die bei ihrer Entdeckung vor mehr als 100 Jahren auch außerhalb der Wissenschaft für Furore sorgte und bis heute Objekt des Staunens, aber auch kontrovers geführter Diskussionen ist.

Höhlen waren bei den damaligen Menschen begehrte Plätze. Sie dienten, wie an anderen prähistorischen Plätzen, als Rückzugsgebiete, wenn Gefahr drohte. Und sie waren Orte für kultische Zeremonien. Das war bei den Kulturen, die am Brandberg siedelten, nicht anders. Hier kam noch ein weiterer Aspekt hinzu: Es gab lange Trockenperioden, die Menschen litten unter Wasserknappheit. Unter den Vorsprüngen der Felsen sammelte sich, wenn es denn einmal regnete, das Wasser in Tümpeln, die als natürliche Zisternen fungierten.

## Die Entdeckung der „Weißen Dame“

Auf diesem göttlichen Berg geschah am 4. Januar 1918 Denkwürdiges: Im Zuge der Erstbesteigung des Königsteins entdeckte eine kleine Gruppe von Abenteurern um den deutschen Geologen Reinhard Maack in der Tsisab-Schlucht in der Nähe des Berges faszinierende Malereien aus der Vergangenheit. Was sie an diesem Tag auf einem der Granitblöcke in der Schlucht erblickten, war ein Meilenstein prähistorischer Kunstgeschichte: eine Gruppe reich und fantasievoll geschmückter Menschen, dynamisch gemalt, die auf der Felsleinwand von rechts nach links eilen und sich auf der Jagd nach Tieren befinden. Auffällig ist die Figur in der Mitte, mit dunklem Ober- und weißem Unterkörper. Von der Größe her ist sie nicht besonders imposant, gerade einmal 40 Zentimeter hoch und 29 Zentimeter breit. Aber die ästhetische Wirkung, die von ihr ausgeht, ist enorm. In der linken Hand trägt sie einen Bogen, in der rechten etwas, das an eine Blume erinnert. Maack interpretierte die Figur aufgrund der Ausrüstung als einen Jäger oder Krieger – und nicht etwa als eine Jägerin oder Kriegerin. Das muss betont werden, weil sie bis heute in einschlägigen Publikationen als die „Weiße Dame“ auftaucht. Ein zugkräftiger, geheimnisvoller und werbewirksamer Name, der allerdings mit dem eindeutigen Makel behaftet ist, bei der Bestimmung des Geschlechts nicht richtig zu liegen. Die „Weiße Dame“ ist vielmehr ein „Weißer Herr“. Schuld an der falschen Zuordnung ist der französische Prähistoriker Henri Breuil, der den Beweis dafür lieferte, dass auch renommierte Wissenschaftler nicht frei von Irrtümern sind. Breuil hatte sich einen Namen bei der Erforschung der Höhle von Lascaux gemacht und galt seitdem in seinem Fach als Kapazität. In den 1940er- und 1950er-Jahren war er mehrfach in Südafrika unterwegs, um die dortigen Fels- und Höhlenzeichnungen zu inspizieren. 1948 nahm er sich die weiße Figur vor, und durch ihn erlebte der spektakuläre Fund vom Brandberg, der in der Zwischenzeit etwas in Vergessenheit geraten war, eine Renaissance. Breuil kam, sah – und lieferte die falsche Interpretation. Zu seiner Einschätzung war Breuil aus mehreren Gründen gekommen: So sprachen nach seiner Auffassung die langen Haare ebenso für eine Frau wie die grazile Körperhaltung und der Gegenstand, den sie in der rechten Hand trägt – eine Lotusblume, wie Breuil meinte, oder auch, wie andere fanden, ein Gefäß. Beides waren für ihn offenbar typisch weibliche Attribute. Außerdem erinnerte ihn das betreffende Wesen an Motive auf den Fresken von Knossos, dem Palast der Minoer auf Kreta, die als Frauengestalten interpretiert wurden.

Doch was sollte Knossos auf der Mittelmeerinsel Kreta mit dem Brandberg in Namibia zu tun haben? Sicher gab es keine Kontakte zwischen den Menschen der beiden Kulturen. Auch hier stellt sich also die Frage, die bei der prähistorischen Malerei immer wieder auftaucht: Wie kann man es erklären, wenn Menschen, die zeitlich und geografisch weit auseinander liegen, identische oder zumindest ähnliche künstlerische Ausdrucksformen verwenden? Die Empfehlung lautet hier: Bevor man sich fragt, wer möglicherweise wen beeinflusst hat, sollte man sich die Möglichkeit offenhalten, dass Kulturen sich in der Kunst unabhängig voneinander ähnlich oder sogar gleich artikulieren. Der Kontext ist immer wichtig, die jeweilige Lebenswelt muss berücksichtigt und in die Interpretation einbezogen werden. Aber es sollte nicht außer Acht gelassen werden, dass es bestimmte, allgemein menschliche Konstanten, gewissermaßen anthropologische Regelmäßigkeiten gibt, die keine Vorbilder brauchen, sondern sich aus sich selbst heraus entwickeln.

Breuil war eine Autorität, und doch mehrten sich in der Folgezeit die Zweifel an seiner Deutung der Figur als „Weißer Dame". Und so konnte die Figur vom Brandberg auch ihren vermeintlichen Status als eine der bekanntesten, wenn nicht *der* bekanntesten Vertreterin ihres Geschlechts in der Frühzeit der afrikanischen Felsmalerei nicht lange halten. Forscher, die sie nach Breuil unter die Lupe nahmen, übten heftige Kritik und fragten, was für eine Bedeutung eine Frau mit kriegerischen Attributen haben sollte. Und warum fehlten spezifische anatomische Merkmale einer Frau, auf die steinzeitliche Künstler, wie viele Beispiele zeigen, beim Malen ihrer Figuren sehr viel Wert legten? Waren bei genauem Hinsehen nicht auch die Konturen eines männlichen Geschlechtsorgans zu erkennen? Man nahm in der Folge Abstand von der Bezeichnung als weiße Frau und definierte die Figur als Mann mit Jagdausrüstung. Weil der Name „Weiße Dame" so schön klingt, hat man ihn aber bis heute beibehalten.

Aber welche Bedeutung hat die Szene insgesamt? Der Jäger ist umgeben von einer Gruppe weiterer Figuren, bei denen es sich offenkundig ebenfalls um mit Speer und Bogen bewaffnete Jäger handelt. Unter ihnen sticht die weiße Figur deutlich hervor, sowohl durch die Farbe (die anderen sind rötlich-braun) als auch durch ihre dynamische Haltung. Was Breuil für lange Haare hielt, ist in Wirklichkeit eine Kopfmaske, die bei steinzeitlichen Jägern mitunter zum Einsatz kam. Dekoriert ist die lebendige Szene durch in einer Reihe hintereinander angeordnete Tiere. Man erkennt Antilopen und Zebras. Offensichtlich haben die Künstler Tiere an den Fels gemalt, die zum täglichen Jagdwild gehörten.

## DIE ERSTE BESCHREIBUNG DER „WEISSEN DAME" BEI DER ENTDECKUNG

„Die Hauptsache war die letzte bunte Tanzgruppe. Im Mittelpunkt der Felsmalerei stand eine etwa 40 cm große Figur, die in 4 Farben gemalt war. Die Figur mit hell-fleischfarbenem Gesicht, dunkelbraunem Oberkörper und Armen, und wiederum fleischfarbenem Unterkörper und Händen, zeigte einen so auffallenden ägyptisch-mediterranen Stil, dass man unwillkürlich an ägyptische Frescomalerei erinnert wurde. Dieser Stil wurde besonders durch den eigenartigen Kopfschmuck in dunkel carminroter Farbe und weiß punktierten Ornamenten sowie durch die Körperhaltung der Figur betont." (Reinhard Maack)

Die „Weiße Dame“ ist in Wahrheit ein „Weißer Herr“.

Auch bei den Funden im Brandbergmassiv stellt sich die Frage nach der Funktion der Bilder. Die Antworten bewegen sich auch hier in einem breiten Spektrum, und es ist unmöglich, sich definitiv festzulegen. Folgende, einander teilweise einander ausschließende Erklärungen wurden favorisiert oder in die Debatte geworfen: Man wollte das Jagdglück herbeimalen. Man wollte von Jagderfahrungen erzählen. Es handelt sich um magische Rituale. Es waren schamanische Handlungen mit dem Ziel, mit der Beschwörung von Geistern in Tiergestalt Therapien durchzuführen. Erstaunlich ist, dass man für die frühzeitlichen Menschen in Afrika bei der künstlerischen Gestaltung dieselben Motive annimmt wie bei denjenigen, die in Europa oder Südamerika am Werk waren. Dass es in diesen frühen Phasen der Geschichte eine kontinental übergreifende Kommunikation auf dem Gebiet der Malerei gegeben hat, ist unwahrscheinlich. Gab es also so etwas wie die Kontinente übergreifende Disposition der Menschen bei der Wahl der Motive in der Höhlen- und Felsmalerei? Dass die Jagd einen Mittelpunkt im damaligen Leben darstellte, ist Fakt. So kann es auch nicht verwundern, dass Jagdmotive die künstlerische Produktion bestimmten. Doch gab es nicht auch andere Situationen im Leben der Menschen, die aber nicht zum künstlerischen Repertoire dessen zählten, was man in die Felsen und Höhlenwände malte? Etwa Geburt, Hochzeit, Tod oder kriegerische Auseinandersetzungen mit feindlichen Gruppen? Die Fragen müssen gestellt werden, können aber nicht definitiv beantwortet werden, weil wir über Leben und Denken der Produzenten dieser Bilder immer noch zu wenig wissen.

Jedoch hat die jüngere Forschung einige bedeutende Beobachtungen gemacht, die zeigen,

Zebra und Jäger

dass das Bildprogramm der Altamira- oder Lascaux-Kunst nicht ohne Weiteres mit den Brandberg-Produktionen gleichgesetzt werden kann. Die Bilder vom Brandberg sind deutlich jünger als die europäischen Höhlenmalereien. Manche Schätzungen reichen sogar in die nachchristliche Zeit, doch wahrscheinlicher ist eine Datierung auf die Phase zwischen 4000 v. Chr. und der Zeitenwende. Nach den herkömmlichen, europäisch geprägten Kategorien handelte es sich dabei um die späte Jungsteinzeit, die Bronzezeit und die Eisenzeit.

## Wer schuf die Felsmalereien in Namibia?

Besiedelt war das heutige Namibia damals von Ethnien, die zu der großen Volksgruppe der San gezählt werden. Genetischen Untersuchungen zufolge verdient diese das Prädikat „ältestes Volk der Welt“. Das Urheberrecht auf die Malereien im Brandbergmassiv dürfen die Damara für sich beanspruchen, möglicherweise ethnisch verwandt mit den San. Jedoch weiß man über sie recht wenig. Die Bilder sind die einzige Ausdrucksform, die sie hinterlassen haben.

Die berühmteste Malerei am Brandberg ist die Jagdszene mit der „Weißen Dame“. Doch es gibt noch mehr Kunst zu bestaunen. An gut 1000 verschiedenen Fundplätzen wurden mehr als 50 000 einzelne Felsmalereien nachgewiesen. Die meisten Bilder befinden sich an einer Felsformation in der oberen Amis-Schlucht. Hier wurden im Laufe der Zeit weit mehr als 1000 Felszeichnungen entdeckt. Die geschützte Lage und die klimatischen Verhältnisse lieferten den historischen Jägern ideale Verhältnisse, von denen sie in ihren Bildern erzählten. Vor einigen Jahren legten die Brandberg-Experten Tilmann Lenssen-Erz und Marie-Theres Erz eine detaillierte Untersuchung der Felszeichnungen vom Brandberg vor mit dem Ergebnis, dass im Mittelpunkt der künstlerischen Produktion nicht das Tier, sondern der Mensch stand. Von den 17 000 analysierten Einzelbil-

## SAN UND DAMARA

Über die Menschen, die die Zeichnungen und Bilder auf dem Brandberg und an anderen Plätzen des heutigen Namibia anfertigten, ist nur wenig bekannt. Außer ihrer Kunst hinterließen sie nur wenige Zeugnisse ihrer Existenz. Sie gehörten wahrscheinlich zu der großen Gruppe der San-Völker, die auch heute noch in weiten Teilen des südlichen Afrikas leben. Ihr Siedlungsraum erstreckte sich bis nach Somalia und Äthiopien. In der Entstehungszeit der Bilder lebten sie überwiegend von der Jagd und dem Sammeln von Früchten und Kräutern. Die Damara lebten überwiegend in Namibia. Über ihre frühe Geschichte ist ebenfalls nicht viel bekannt. Doch wie bei den San war ihr Alltag von der Jagd, gelegentlich auch von der Auseinandersetzung mit anderen Völkern und Kulturen geprägt.

dern zeigen mehr als zwei Drittel Menschen und 20 Prozent Tiere. Die Menschen sind dabei nicht statisch porträtiert, sondern in Bewegung. Bei den Tieren bemühten sich die Künstler um eine naturgetreue Wiedergabe, bei den Menschen kommen Nuancierungen hinzu.

Welche Schlussfolgerungen lassen sich aus den Beobachtungen ziehen? Die Brandberg-Kenner haben die These aufgestellt, dass die Bilder als eine Form der Kommunikation zu verstehen sind. Allerdings konnten auch sie diese Bild„sprache" nicht entschlüsseln. Sollte dies einmal gelingen, würde sich aus den Bildern die Welt ihrer Hersteller rekonstruieren lassen. Schon jetzt aber glauben die Forscher sagen zu können, dass der Brandberg für die damaligen Menschen ein Rückzugsgebiet gewesen ist. Aufgrund anhaltender Dürreperioden sei er zu einem Refugium geworden, weil es hier ausreichend regnete und sich den Menschen gute Lebensbedingungen boten. In die Bilder projizierten sie ihre Hoffnungen und Wünsche hinsichtlich einer ökonomisch und ökologisch lebenswerten Umwelt. Diese Theorie bietet eine sicher bedenkenswerte Alternative zu den herkömmlichen Deutungen, wonach die Künstler ihre aktuelle Umwelt abbildeten. Sie liefert zugleich eine einleuchtende Erklärung für die große Anzahl an Bildern, die in ihrer Quantität einen geradezu beschwörenden Charakter haben. Und sie macht plausibel, warum die Menschen den beschwerlichen Weg in die Berge auf sich nahmen. Allerdings lässt sich auch diese Interpretation nicht beweisen.

## Twyfelfontein

Der Norden Namibias hat an frühzeitlicher Kunst aber noch mehr zu bieten als die „Weiße Dame" und die zahlreichen Bilder in der Umgebung des Brandberges. Ergiebig ist auch die Region Twyfelfontein. Zu den Lieblingsbeschäftigungen ihrer frühen Bewohner der Jungstein-, Bronze- und Eisenzeit müssen, gemessen an der Fülle der erhaltenen Bilder, Malen, Zeichnen und Gravieren gezählt haben. Mehr als 2500 Felszeichnungen und Petroglyphen, Gravierungen im Stein, wurden bisher gezählt. Diese wurden offenbar mit Geräten aus Quarz hergestellt, wie die vielen an Ort und Stelle entdeckten Quarzsplitter nahelegen. Bei den farbigen Bildern kamen verschiedene einfache Materialien wie Kalk, Lehm und zermahlene Mineralien zum Einsatz.

Wie in der Felsspalte am Königstein mit dem Hauptmotiv der „Weißen Dame" handelt es sich in fast allen Fällen um Jagdszenen. Die Hauptdarsteller sind Jäger, bewaffnet mit Pfeil und Bogen. Die Tiere entsprechen der heimischen Fauna: Antilopen, Zebras, Giraffen und Löwen. Nicht so ganz passt in dieses Ensemble das Bild einer Robbe. Wie diese es in eine gut 100 Kilometer vom Meer entfernte Gegend geschafft hat, ist bis heute Gegenstand von Kontroversen und Spekulationen. Erstreckte sich der Radius der Jäger etwa so weit?

Unterdessen schreiten die Forschungen unermüdlich voran. Archäologen und Geologen durchforsten Namibia nach weiteren Spuren früherer Felsmalerei. Dies geschieht nicht auf gut Glück, sondern systematisch und nach Plan. Welche Plät-

Gravierte Tierdarstellungen in Twyfelfontein

ze können sich vor mehreren Jahrhunderten oder Jahrtausenden als Orte der Jagd geeignet haben? Die richtige Antwort führt zur Entdeckung neuer Fundplätze.

Es lohnt sich, weiter auf Neuigkeiten aus dem alten Namibia zu achten. Wer weiß, welche Kostbarkeiten sich noch hinter den Felswänden verbergen ...

## GEFÄHRDETE KUNSTWERKE

Die wunderschöne Landschaft zwischen Brandbergmassiv, Spitzkoppe (wo es ebenfalls bedeutende Feldzeichnungen gibt) und Twyfelfontein lockt heute Scharen von Touristen an – auch hier mit den üblichen Risiken für die (kunst-)historischen Denkmäler. Viele Besucher gehen mit den Felszeichnungen nicht sonderlich behutsam um. Viele wurden beschmiert oder sogar zerstört. Um die Bilder besser sehen zu können, besprühen Touristen sie mit Wasser und sogar Cola. Auch die „Weiße Dame“ hat durch Vandalismus und unsachgemäße Behandlung einiges von ihrer einstigen Schönheit eingebüßt. Zwischenzeitlich trennte sie ein Gitter vor allzu neugierigen Betrachtern. Wer sie besichtigen will, braucht einen lizenzierten Führer, der Touristen auf der einstündigen Wanderung zur Fundstelle begleitet. Das Gitter ist aktuell durch eine Absperrung ersetzt worden, die eine bessere Sicht auf den jagenden Krieger ermöglicht.

# DRAKENSBERGE

## FELSÜBERHÄNGE STATT HÖHLEN

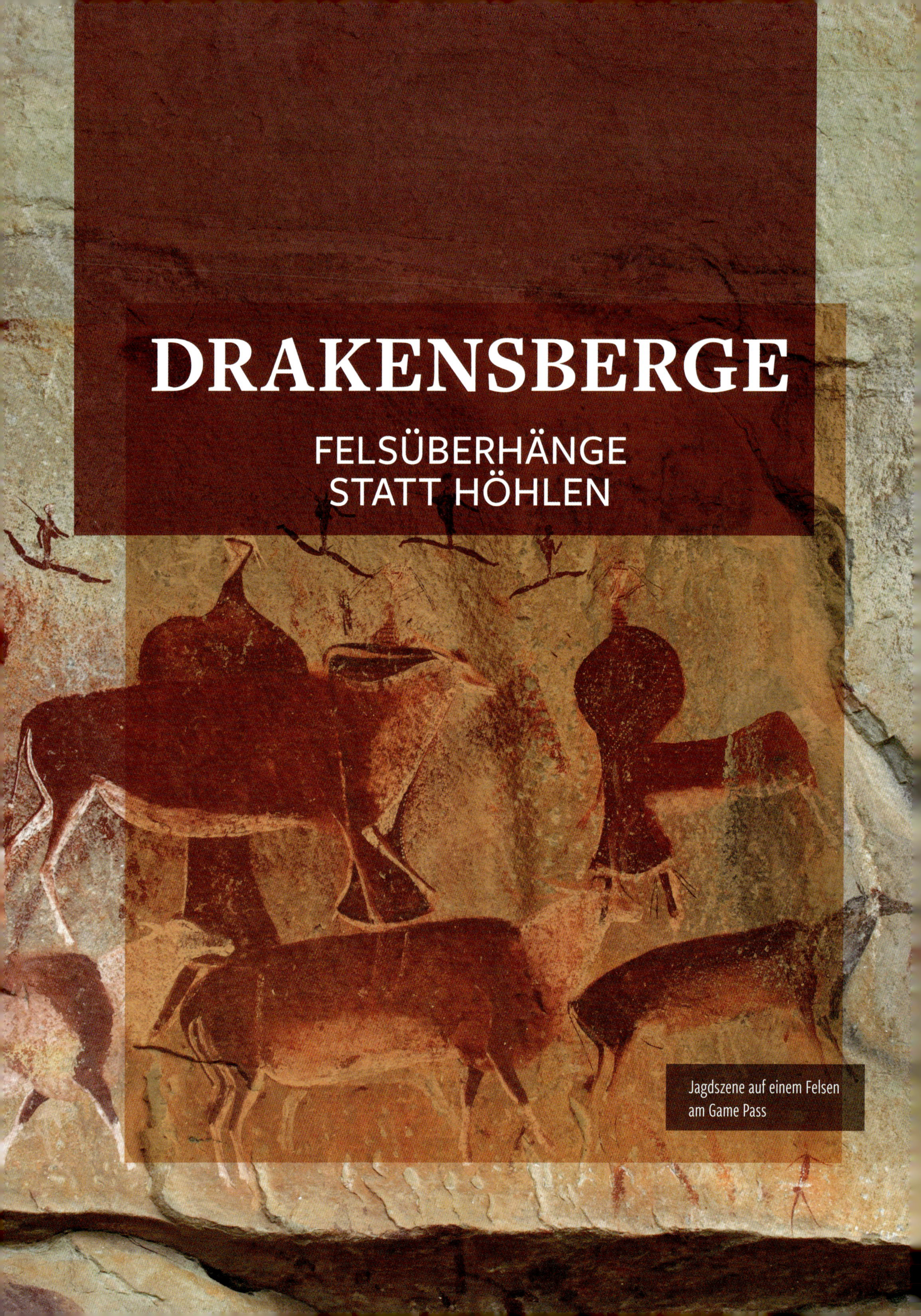

Jagdszene auf einem Felsen am Game Pass

Sie sind ein wahres Paradies für Liebhaber von prähistorischer Malerei: Die Drakensberge im südlichen Afrika stellen jedenfalls durch die Zahl der erhaltenen Bilder fast alles in den Schatten, was die ohnehin gut bestückte steinzeitliche Kunstszene zu bieten hat. Es sind nicht einzelne, großartige Stätten wie Lascaux oder Altamira, mit denen die Drakensberge punkten, sondern mit der Quantität an Gemälden und Zeichnungen. Und sie können eine weitere Besonderheit aufweisen: Die Künstler, die hier am Werk waren, zierten mit ihren Produkten nicht, wie sonst üblich, Höhlen, sondern konzentrierten sich in der Mehrzahl auf offene Felsüberhänge, die wie ein Dach über den Bildern wachten. Nur vereinzelt sind ihre Spuren auch in Höhlen zu finden.

Die Drakensberge sind die längste und höchste Bergkette im südlichen Afrika und erstrecken sich über eine Distanz von 1000 Kilometern. Die spektakulären Berge ragen bis zu einer Höhe von 3482 Metern in den südafrikanischen Himmel. Sie sind von atemberaubender landschaftlicher Schönheit, und im Jahr 2001 wurde ein Teil des Gebietes – der Ukhahlamba-Drakensberg-Park, zum UNESCO-Weltnaturerbe erklärt. Flora und Fauna sind vielfältig und höchst beeindruckend. Manche der Tiere, die man hier bewundern kann, wie die Elen-Antilopen oder die Schakale, waren auch den Steinzeitmenschen bereits bekannt und bei ihnen als Jagdtiere beliebt. Die Drakensberge erstrecken sich über die heutigen Staaten Südafrika und Lesotho. Der Name ist Afrikaans und stammt von den niederländischen Siedlern, die das Land im 17. Jahrhundert in Besitz nahmen. Übersetzt heißen sie nichts anderes als „Drachenberge".

## Die Wiege der Menschheit

Natur und Topografie boten den prähistorischen Menschen vorzügliche Jagdbedingungen – und zudem viel Platz für ihre Malereien. Südafrika ist überhaupt eine der frühen Hochburgen der Steinzeitkulturen. Hier finden sich Spuren der Vorfahren des Menschen, die auf ein Alter von über drei Millionen Jahren (manche Wissenschaftler rechnen sogar mit vier Millionen) geschätzt werden. Und es finden sich eine Reihe uralter Höhlen, die als „Wiege der Menschheit" bezeichnet werden. Auch die weitere Entwicklung hin zum modernen Menschen (über den Homo erectus zum Homo sapiens) lässt sich an einer Reihe von Fundplätzen in Südafrika ablesen. Der Homo erectus, nachweisbar in der Höhle von Swartkrans, 30 Kilometer von Johannesburg entfernt, und an einigen anderen Plätzen, wird auf ein Alter von einer Million Jahren taxiert, der Homo sapiens auf 165 000 Jahre.

In einem solchen prominenten Umfeld der frühen Menschheitsgeschichte verwundert es nicht, dass die steinzeitlichen Menschen Südafrikas auch in der Kunst Maßstäbe gesetzt haben. Und dieser Sachverhalt lässt sich in den Drakensbergen eindrucksvoll nachweisen. Diejenigen, die das künstlerische Feld als Erste beherrschten, gehörten zu den Gruppen der San, von denen bereits im Zusammenhang mit dem Brandberg in Namibia die Rede gewesen ist. Die San werden mitunter mit dem Etikett „ältestes Volk der Welt" versehen – eine etwas problematische Bezeichnung, solange man sich nicht darüber im Klaren ist, welche Kategorien die Zugehörigkeit zu einem „Volk" determinieren. Bei den San oder, um die vollständige Bezeichnung zu verwenden, Khoisan, handelt es sich um eine Vielzahl von Gruppen und Ethnien im südlichen Afrika, deren Gemeinsamkeiten in Sprache, Religion und Lebensformen bestanden. Umfangreiche genetische Untersuchungen haben in jüngster Zeit zu dem Ergebnis geführt, dass die San tatsächlich eine so lange Geschichte haben, dass sie älter sind als alle anderen Menschengruppen oder Völkerfamilien. Die DNA-Studien haben ihre Spuren bis vor etwa 100 000 Jahren zurückverfolgen können. Ab diesem Zeitpunkt bildeten die San eine genetisch identifizierbare Gruppe. So stellte es sich als ein über die bisherigen Erkenntnisse hinausgehendes Faktum heraus, dass die San über spezielle Gene verfügen, die für die Entwicklung des Skeletts und überhaupt der Anatomie wichtig sind. Auf der anderen Seite gelang der Nachweis, dass die San nicht eine homogene Gruppe darstellten, sondern dass es zwischen ihnen auch erhebliche Unterschiede gab. Vor gut 40 000 Jahren spalteten sich einige Stämme von der Hauptgruppe ab.

In den Zeiten des Kolonialismus haben sich die Europäer nicht um eine ethnische und kulturelle Differenzierung der indigenen Bevölkerung gekümmert. Die Einheimischen galten ihnen als eine einheitliche Masse, für die sie herabsetzende Bezeichnungen wie „Buschmänner" oder „Hottentotten" verwendeten. Letzterer Begriff ist wohl von den für europäische Ohren ungewohnt klingenden Lauten der Sprache der Khoikhoi, einer zur Familie der San gehörenden Völkergruppe in Südafrika und Namibia, abgeleitet. Der Name hat eine ähnliche Funktion wie bei den antiken Griechen die Bezeichnung „Barbaren" für alle Völker, die nicht Griechisch sprachen und daher als minderwertig angesehen wurden. „Buschmänner" ist eine ebenfalls herabwürdigende, aus dem Afrikaans geborgte Fremdbezeichnung der San bzw. Khoikoi.

Angehörige der großen Volksgruppe der San sind es jedenfalls gewesen, die in weiten Teilen Südafrikas und so auch in den Drakensbergen als Pioniere der Felsmalerei auftraten. Dem europäischen Bild von den unzivilisierten, primitiven Wilden entsprechend war die Erkenntnis, dass die indigene Bevölkerung vor langer Zeit auch auf künstlerischem Gebiet Bedeutendes geleistet hatte, etwas, was man ihnen absolut nicht zugetraut hatte. Die Ansicht, Wilde könnten keine ordentliche Kunst produzieren, musste korrigiert werden, als im Laufe des 19. und 20. Jahrhunderts durch Forschungen zutage kam, dass die San mit all ihren Untergruppierungen versierte Künstler gewesen waren. Als Ethnie mit entsprechenden archäologischen Hinterlassenschaften traten die San vor rund 25 000 Jahren auf. Sie betätigten sich zu dieser Zeit, wie die meisten Steinzeitmenschen, als nomadisierende Jäger und Sammler. Die Sesshaftigkeit begann auch hier mit der neolithischen Revolution um 10 000 v. Chr.

Elen-Antilopen gehörten zur Lebenswelt der San. Darstellung am Berg Monk's Cowl.

Das Verbreitungsgebiet der San reichte einst von Südafrika und Namibia bis nach Äthiopien und Somalia. Mit dem Übergang vom Nomadentum zur Sesshaftigkeit entwickelten die San eine differenziertere Sozialstruktur und neue Mentalitäten, die sich auch auf Stil und Objekte ihrer künstlerischen Produktion auswirkten. Dominieren anfangs noch Themen der Jagd, kamen später geometrische Motive mit Zeichencharakter und auch figürliche Darstellungen hinzu, die häufig auch eine religiös-kultische Bedeutung hatten. Um die Zeitenwende herum gab es neue politische, soziale und wirtschaftliche Entwicklungen. Einzelne Stämme konkurrierten, ausgerüstet mit neuen Waffen und Werkzeugen, um das beste Weideland und die ergiebigsten Ackergebiete. Neue Gruppen tauchten auf, die die San dazu zwangen, ihre traditionellen Siedlungsgebiete zu verlassen. Ab dem 15. Jahrhundert drängten Bantu-Stämme sie in wirtschaftlich weniger attraktive Gebiete ab.

Mensch-Tier-Gestalten im sogenannten Giant's Castle im Ukhahlamba-Drakensberg Park

## Die Kunst der San

Die Felsmalereien der San sind zum Teil sehr alt, einige von ihnen mehrere Tausend Jahre. Jedoch haben sich aus dieser frühen Zeit nur wenige Bilder erhalten. Und es handelt sich dabei auch nicht um eigentliche Gemälde, sondern um Gravuren und Ritzzeichnungen. Die von ihnen geübte Praxis, die Malereien nicht in geschützten Höhlen, sondern an Felsüberhängen anzubringen, war auch dafür verantwortlich, dass viele Bilder und Zeichnungen heute nicht mehr erhalten sind – sei es, dass der Zahn der Zeit an ihnen nagte, sei es, dass den Bildern die Witterung zusetzte, sei es, dass sie von Menschen mutwillig beschädigt oder zerstört wurden. Darüber, warum die San geschlossene Höhlen als Ateliers und Gemäldegalerien scheuten und stattdessen Felshänge außerhalb bevorzugten, kann man nur spekulieren. Bei den Ethnien und Kulturen, die Höhlen bemalten, dienten diese in aller Regel auch als Versammlungsplätze, vor allem zu kultischen Zwecken. Offenbar war dies bei den San nicht der Fall, bei ihnen fanden die Zeremonien wohl bevorzugt im Freien statt.

Die Drakensberge sind ein Paradies für die Bilderwelt der San. Bekannt sind inzwischen mehr als 600 Fundstätten, die Zahl der Einzelbilder beläuft sich auf 40 000. Es verging praktisch kein Tag, an dem in den Bergen nicht irgendwo gemalt wurde. Hinter jedem Felsvorsprung und -überhang besteht die Chance, auf Zeichnungen und Gemälde zu treffen, die Menschen und Tiere oder Zeichen und Symbole abbilden. Die dargestellten Tiere sind meist Objekte der Jagd, die Menschen die Jäger. Zuweilen werden sie auch bei zeremoniellen Tänzen porträtiert, bei denen es so wirkt, als würden sich die Menschen in Trance bewegen. Es begegnen auch Mischwesen, halb Mensch, halb Tier, die in der religiösen Welt der San eine mythische Bedeutung hatten, als Dämonen oder auch im Zusammenhang mit Beschwörungen durch Schamanen. Unter den Tieren fallen besonders die Elen-Antilopen auf, die größten unter den in Südafrika heimischen Antilopenarten. Sie gehören zum Standardrepertoire der jagenden Künstler oder künstlerischen Jäger und überragen zahlenmäßig deutlich andere heimische Tierarten wie Elefanten, Giraffen, Warzenschweine, Löwen oder Leoparden. Andere Bilder bieten Szenen aus dem Alltagsleben oder zeigen die Menschen beim Sammeln von Früchten.

Was die Maltechnik angeht, so verwendeten die San über die Jahrhunderte hinweg (die jüngsten Bilder stammen aus dem 19. Jahrhundert) die gleichen Materialien und Utensilien. Die Farben wurden mit einfachen Pinseln auf die Felsen aufgetragen. Bevorzugte Farben waren Rot, Rotbraun und Gelb, angemischt aus gemahlenem Ocker. Zum Einsatz kamen auch Stein- und Mineraloxide wie Zink und Quarz, Lehm, Blut, Eiweiß, die auf festes, glattes Gestein aufgetragen wurden. Schwarze Farbe wurde bei den San, wie bei den anderen Völkern, die sich als Felsmaler betätigten, aus Holzkohle hergestellt, was wiederum eine relativ exakte Datierung durch die Radiokarbonmethode (C 14) ermöglicht.

Lange Zeit war unter den Wissenschaftlern umstritten, aus welcher Zeit die heute noch existierenden, sichtbaren und erforschbaren Felsmalereien aus dem südlichen Afrika stammen. Mit den neuen Methoden konnte nun aber, speziell anhand von Bildern aus Botswana, Lesotho und der Kapregion, festgestellt werden, dass diese Gemälde vor etwa 5500 Jahren entstanden. Im globalen Kontext von Höhlenmalerei mag das spät klingen, schließlich waren Regionen in Asien und Europa in dieser Hinsicht deutlich früher aktiv. Doch, wie bereits erwähnt, sind die ältesten Bilder der San nicht oder nur noch fragmentarisch erhalten. Es ist aber anzunehmen, dass auch sie bereits Zeichnungen herstellten und Hände auf die Felsen malten, als in Ostasien und Europa vor 30 000 Jahren und mehr prähistorische Menschen die Disziplin der Höhlenmalerei begründeten. Konkrete Beispiele für die These, dass Afrika in den Reihen der malenden Steinzeitkünstler bereits früh mitmischte, liefern Funde aus der Sahara oder aus Simbabwe.

Das Alter von 5500 Jahren der ältesten erhaltenen Kunstwerke im südlichen Afrika stammen aus jüngsten Forschungen am Thune Damm in Botswana. Analysen der Chronologie in Lesotho

Tierdarstellung in der Eland Cave

und in den Drakensbergen ergaben etwas jüngere Daten. Hier entstanden die untersuchten Bildwerke vor etwa 3000 Jahren. Das ist im Vergleich zu steinzeitlicher Malerei in anderen Teilen der Welt spät, ist aber im Kontext einer bereits länger geübten Praxis zu sehen. Bei den Untersuchungen zur Datierung der Felsbilder wurden auch wichtige Erkenntnisse über die Künstler gewonnen, die für die Herstellung dieser Bilder verantwortlich waren. Über sie, denen berühmte Stätten wie Altamira, Lascaux oder Chauvet ihren bis heute anhaltenden Ruhm verdanken, weiß man in der Regel wenig bis nichts. Stammten sie aus der Gegend, oder wurden sie jeweils angeworben? Waren sie Profis oder Amateure? Hatten sie eine spezielle Ausbildung, oder malten sie so, wie es ihnen gefiel? Nicht alle diese Fragen konnten die Forscher anhand der südafrikanischen Bilder beantworten. Aber es gab deutliche Hinweise darauf, dass die prähistorischen Künstler ein Faible für bestimmte Orte hatten, an die sie und nachfolgende Künstlergenerationen immer wieder zurückkehrten. Diese Schlussfolgerung ergibt sich aus dem in den Drakensbergen und anderen Fundstätten in Südafrika nachweisbaren Befund, dass an ausgewählten Felsformationen über lange Zeit hinweg immer wieder dieselben Flächen bemalt wurden. Bemerkenswerterweise unterschieden sich die Gemälde in stilistischer Hinsicht nur wenig bis gar nicht. Die späteren Künstler arbeiteten genauso, verwendeten denselben Stil und dieselben Techniken wie ihre Vorgänger. Das ergaben genaue Untersuchungen an den steinernen Leinwänden, an denen man bei den Gemälden übereinanderliegende Schichten ausmachen konnte.

Was bedeutet diese Erkenntnis? Wieder kann man nur spekulieren. Wurde immer wieder an denselben Stellen gemalt, weil sie sich von den geologischen Bedingungen her als Untergrund und Bildfläche besonders gut eigneten? Oder hatten diese Orte eine besondere Bedeutung, etwa in kultischer Hinsicht? Fanden hier vielleicht religiöse Zeremonien wie die Beschwörung von Geistern und Dämonen durch Schamanen statt? Möglicherweise bringen weitere Forschungen Licht ins Dunkel. Die beteiligten Wissenschaftler sind optimistisch, in Zukunft weitere neue Ergebnisse präsentieren zu können – so, wie auch beim Erstellen einer Chronologie die Resultate immer präziser werden. Dazu dienen insbesondere die immer feineren Proben, die man den Bildern für die Bestimmung der Datierung entnimmt.

## Der Nationalpark

Die meisten der prähistorischen Gemälde befinden sich im Ukhahlamber-Drakensberg-Nationalpark, der zu Beginn des 20. Jahrhunderts eröffnet wurde. Er bietet eine Vielzahl an touristischen Höhepunkten und erfreut sich daher regen Zuspruchs bei Besuchern aus aller Welt. Die Marketingmanager versäumen es bei ihren Werbeaktionen nicht, auf die gut 600 Fundstätten mit Felsmalereien aufmerksam zu machen. Und viele Menschen folgen der Einladung in die Bilderwelt der Vergangenheit. Ein beliebtes Ziel ist der Giant's Castle. So lautet der Name eines 3315 Meter hohen Berges im Nationalpark. Er ist ein Naturparadies, aber auch der wichtigste Ort für Steinzeitmalerei in den Drakensbergen. Hier gibt es verschiedene Orte, Felsvorsprünge, aber auch kleinere Höhlen, wo die San vor einigen Jahrtausenden begannen, ihre Bilder zu verewigen. Eine der Hauptattraktionen ist die „Main Cave" genannte Sandsteinhöhle mit beeindruckenden Zeugnissen der San-Felskunst. Die Bilder gehören zur jüngeren Schaffensperiode der San. Zu den Motiven zählen Jagdtiere, allen voran die Elen-Antilopen. Museale Elemente zeigen den Besuchern Aspekte der Alltagswelt der San. Berühmt ist auch die Battle Cave, die Höhle des Kampfes. Den Namen hat die Stätte von einem Wandgemälde mit der Darstellung einer Kampfszene. Die an dem Kampf beteiligten Personen sind als dünne Linien und Striche gezeichnet, alle sind in heftiger Bewegung dargestellt. Es handelt sich um zwei feindliche Gruppen von Kriegern, bewaffnet mit Pfeil und Bogen. Auch Verwundete und Sterbende sind zu erkennen. Ein Kämpfer richtet seinen Speer auf einen Gegner. Ein Krieger zieht einen Pfeil aus seinem Arm. Für die Interpretation der Szene gibt es zwei Möglichkeiten. Entweder wird ein realer Kampf dargestellt, oder es handelt sich um eine rituelle Auseinandersetzung. Letzteres ist immer eine Option, sie findet sich häufig auf Wandbildern, wie wir aus anderen Regionen wissen. Doch ist der Kampf hier so detailliert und auch in allen Facetten dargestellt, die bei einer solchen realen Schlacht vorkommen konnten, dass hier wohl die erste Option greift. Außer diesem zentralen Fresko weist die Battle Cave noch weitere Motive, vor allem aus dem Bereich der Jagd, auf.

Der Game Pass bietet eine Reihe von Bildern, ebenfalls mit Schwerpunkt auf der Jagd. So wird eine Elan-Antilope in rötlicher, brauner und weißer Farbe gezeigt, darüber eine Gruppe von Figuren in Menschengestalt. Es handelt sich um die besterhaltenen Bilder in den Drakensbergen, unter dem breiten Felsdach waren sie gut geschützt. Viele der Motive, etwa Tier-Mensch-Mischwesen, werden von den Forschern in Zusammenhang mit Schamanen gebracht. So schwanken die Deutungen der Bilder vom Game Pass insgesamt zwischen Realität und Spiritualität, je nachdem, welche grundsätzliche Haltung zu den Wandmalereien bei den Forschern überwiegt. Als die Stätte 1915 von amerikanischen Archäologen entdeckt wurde,

Kampfszene in der Battle Cave

löste dieser Vorgang eine erste Welle des Interesses an der alten Kunst der San aus, auch, weil man hier einen Schlüssel zu ihrer spirituellen Symbolsprache zu finden geglaubt hatte. Man spricht in diesem Zusammenhang von einem „Rosetta-Effekt". So, wie der Fund des Steins von Rosetta in Ägypten mit einer dreisprachigen Inschrift den Weg zur Entzifferung der Hieroglyphen und damit zu einem tieferen Verständnis der altägyptischen Kultur ebnete, lieferten die Game-Pass-Bilder den Code für die Entschlüsselung der geheimnisvollen Kultur der San.

## Lesotho und Botswana

Der Nationalpark beherbergt die meisten Bilder aus dem Gemäldearchiv der San. Doch auch weitere Orte zeugen von ihrer höchst aktiven Kunstproduktion. Viele befinden sich auf dem Territorium des heutigen Staates Lesotho, in dessen Bergland vor 25 000 Jahren auch bereits die San als nomadisierende Jäger und Sammler lebten. Etwa 5000 Felsbilder sind bis heute nachgewiesen, Tendenz steigend, denn die archäologischen Forschungen gehen auch hier voran. Eine

Darstellung eines Zebras an einer Wand in den Tsodilo-Hügeln

wichtige Fundstätte ist Ha Baroana, 42 Kilometer östlich von Maseru, der Hauptstadt von Lesotho. Hier befinden sich die Bilder in einer für Südafrika und die Drakensberge klassischen Lage, in hügeliger Landschaft unter dem Schutz eines Felsdaches, mit einem Fluss in der Nähe. Die Malereien sind nachsteinzeitlich, sie sind etwa 2000 Jahre alt, bedienen sich aber eines für die San typisches Bildprogramms, das zum einen Tiere (Elen-Antilopen, Leoparden, Löwen, Kraniche, Perlhühner), zum anderen Menschen zeigt. Diese sind bei der Jagd, beim Tanz oder bei ihren Hütten dargestellt.

Prähistorische und historische Felszeichnungen befinden sich in Lesotho auch am Fluss Lephalale, einem Nebenfluss des Limpopo. Auch hier waren es die San, die ihre eindrucksvollen Bildspuren hinterlassen haben. Ihre Zeichnungen haben sie, wie fast überall im südlichen Afrika, im Schutz von Felssprüngen und Bergüberhängen angebracht. Wer die Tiere und Figuren besichtigen will, muss sich auf ein Abenteuer einstellen. Zu der Stätte führt keine Straße, und wenn es geregnet hat, versperren Sümpfe und Wasserlachen den Weg. Doch wer sich davon nicht abschrecken lässt, wird mit einem weiteren spannenden Kapitel aus dem reichen Bilderalbum der San belohnt.

Die San kannten noch keine Ländergrenzen. So gehörte auch das Territorium des modernen Staates Botswana, das heute zwischen Namibia, Südafrika, Simbabwe und Sambia liegt, zu den Siedlungsgebieten der San. Und auch hier gibt es beeindruckende Zeugnisse ihrer Bildkunst. Ihnen begegnet man vor allem in den Tsodilo-Hügeln, einer Hügelkette am Rande der nordwestlichen Kalahari, bestehend aus vier Quarzit-Hügeln. So dicht beieinander wie hier trifft man selten in der Welt der Steinzeit auf Stätten mit Felsmalereien. Auf knapp zehn Quadratkilometern konzentrieren sich mehr als 4500 solcher Malereien, sodass die Tsodilo-Hügel den Ehrennamen „Louvre der Wüste" erhalten haben. Folgerichtig wurden die Zeichnungen 2001 von der UNESCO zum Kulturerbe ernannt. Der Name der Hügelkette bedeutet in der Sprache der Einheimischen „Der Fels, der flüstert". Diese Bezeichnung bezieht sich auf den Glauben der hier beheimateten Stämme der Kung und der Hambukushu, wonach hier die Götter leben und ihre Vorfahren ruhen – und über ihr Schicksal flüstern. Oder vielleicht will man damit auch ausdrücken, dass die Bilder denen, die es hören wollen, ihre Geschichten zuflüstern. Die indigene Bevölkerung verbindet mit diesen Hügeln fantasievolle Erzählungen. Der höchste Hügel, knapp über 400 Meter hoch, hat den Beinamen „Mann", der zweitgrößte, 300 Meter hoch, heißt „Frau", der dritte, 40 Meter hoch, „Kind", der vierte ist eigenartigerweise namenlos. Die San glaubten, der vierte Hügel symbolisiere die erste Frau des „Mannes", die dieser zugunsten einer jüngeren Frau verstieß. Ob diese Mythen auch bereits bei den frühen San kursierten? Finden sie sich vielleicht sogar in den Bildern von den Tsodilo-Hügeln wieder? Eher nicht. Die Bilder aus Botswana bieten vom Programm her ähnliche Motive wie die Gemälde und Zeichnungen in den Drakensbergen oder anderswo in Südafrika. Menschen werden porträtiert, mehr aber noch Tiere – Giraffen, Elefanten und Antilopen stehen hoch im Kurs. Einer der Forscher hat genau nachgerechnet: Bei insgesamt 600 Felsbildstätten zeigen 51 Prozent Tiere, 35 Prozent geometrische Symbole, zwölf Prozent Menschen und zwei Prozent negative Handabdrücke. Die heute noch erhaltenen Bilder stammen auch hier aus jüngerer Zeit, sie sind in der überwiegenden Zahl nicht älter als 2000 Jahre. Doch hat auch hier die Malerei eine längere, mehrere Tausend Jahre lange Tradition aufzuweisen – diese frühen Beweise südafrikanischer Kunstfertigkeit sind jedoch nicht mehr erhalten.

## DIE DRAKENSBERGE – TOLKIENS MITTELERDE?

Eines der erfolgreichsten Bücher der Fantasyliteratur ist *Der Herr der Ringe* von J. R. R. Tolkien. Die Trilogie erschien 1954/55 und wurde weltweit mehr als 150 Millionen Mal verkauft. Hartnäckig halten sich Gerüchte, der Bestsellerautor habe sich bei der Beschreibung des zentralen Kontinents Mittelerde von den Drakensbergen inspirieren lassen. Tolkien wurde 1892 im südafrikanischen Bloemfontein geboren, wo der Vater als Bankier tätig war. Als er drei Jahre alt war, machte die Mutter mit ihm und dem jüngeren Bruder Urlaub in England. Dort hörten sie vom plötzlichen Tod des Ehemannes und Vaters und beschlossen, Südafrika den Rücken zu kehren. Mit drei Jahren wird Tolkien von den Drakensbergen noch nicht allzu viel gesehen haben. Dennoch hält sich bei vielen Südafrikanern der Mythos, die Drakensberge seien Mittelerde. Immerhin: Der Blyde River Canyon, am nördlichen Ausläufer der Drakensberge, hat große Ähnlichkeit mit der von Tolkien beschriebenen Landschaft.

# SAHARA

## KUNST IN DER WÜSTE

Gravur einer Giraffe im Tadrart Acacus

Wüsten zeigen nicht nur in Hinblick auf Fauna und Flora eine Vitalität, die man ihnen gar nicht zutraut, wenn man bei ihnen nur an endlose Sanddünen in erbarmungslos heißer Landschaft denkt. Sie sind auch Orte, an denen sich faszinierende Spuren vergangener Kulturen und ihrer künstlerischen Produktionen finden lassen. Klimaschwankungen sorgten dafür, dass die Wüsten der Welt, auch die Sahara, in prähistorischer Zeit günstigere Lebens- und Siedlungsbedingungen aufwiesen als heute. Viele Regionen in Nordafrika waren über Jahrhunderte fruchtbare Landschaften. Regionen wie das heutige Tunesien versorgten lange Zeit die Mittelmeerwelt mit Getreide und anderen Feldfrüchten. Die Wüsten waren zu allen Zeiten bewohnt, von Nomaden, Beduinen, in den Oasen und den agrarisch nutzbaren Gegenden auch von sesshaften Bauern, und sie haben ihre Spuren in Bildern, Zeichnungen und Malereien hinterlassen, um damit ihre Lebenswelt widerzuspiegeln.

Bei den prähistorischen Bildern in der Sahara handelt es sich in der Mehrzahl um Felsbilder, sogenannte Petroglyphen, die in den Fels eingraviert wurden. Daher sind sie in der Regel gut erhalten. Zu datieren sind sie auf die mittlere Steinzeit mit einem Alter von gut 12 000 bis 2000 Jahren. In dieser Zeit herrschte in der Sahara ein Savannenklima mit regelmäßigem Wechsel von Trocken- und Feuchtperioden. Erst um 1500 v. Chr. begann sich die Sahara in die heutige Wüstenlandschaft zu verwandeln. So ist es kein Wunder, dass hier vor dem klimatischen Umschwung viele Menschen lebten.

Die Felsbilder der Sahara bilden ein großes Freilichtmuseum. Sie begegnen vor allem in der Zentralsahara und dem Maghreb, den Gebieten im Nordwesten des afrikanischen Kontinents. Die Zeichnungen der damaligen Sahara-Kulturen weisen teilweise hohe Qualität auf, sorgfältig wurden die Motive in den Stein geritzt. Wie man vermuten darf, kam es den Künstlern darauf an, nachhaltige Kunst zu produzieren, Botschaften auszusenden, die nicht nur für die Zeitgenossen gedacht waren, sondern auch spätere Generationen erreichen sollten.

Auch bei den Sahara-Bildern dominiert, wie bei den meisten anderen Fundstellen in Europa, Amerika und Asien, das Tier als bevorzugtes Darstellungsobjekt. Die Menschen der Sahara waren als Sammler und Jäger unterwegs, und so beziehen sich die Bilder in der überwiegenden Mehrzahl auf die Jagdtiere, die sie antrafen – Großwild wie Elefanten, Giraffen, Nashörner, Büffel und Strauße. Und wie auch bei den anderen Steinzeitbildern stellt sich die Frage, welchen Zweck sie mit ihren Bildern verfolgten. Das Spektrum der Erklärungen ist ähnlich breit wie bei der Interpretation der anderen Stätten: Darstellung von Jagderlebnissen? Beschwörung des Jagdglücks? Kultische Funktionen? Magische Rituale? Formen der Kommunikation? Bei allen Unsicherheiten darf

## BEDROHTE BILDERWELT

Nicht nur der Zahn der Zeit nagt an den Feldbildern in der Sahara – Gefahr droht auch vom Menschen. In der westlichen Sahara wurden die Kulturgüter durch kriegerische Auseinandersetzungen in Mitleidenschaft gezogen. Dazu kommt planmäßiger Kunstraub. Professionelle Gruppen, die mit der Steinzeitkunst Geschäfte machen, sind hier ebenso am Werk wie Touristen, die der Versuchung nicht widerstehen können, Felsplatten zu entfernen und als Souvenir mit nach Hause zu nehmen. Die einheimischen Behörden können den Schutz der unzähligen Kunstwerke nicht durchgängig garantieren, und so gehen Jahr für Jahr viele der Schätze verloren.

Ein Meisterwerk steinzeitlicher Kunst: Darstellung eines Rindes auf einem Fels im Nationalpark Tassili n'Ajjer in Algerien

man aber davon ausgehen, dass es den unbekannten Künstlern darauf ankam, einen konkreten Zusammenhang mit ihrer täglichen Lebenswelt herzustellen.

Die Produktion der Sahara-Bilder setzt um 10 000 v. Chr. ein. Bevorzugte Motive sind neben dem Großwild Antilopen und Gazellen, aber auch Krokodile und Flusspferde. Absoluter Favorit der Zeichner ist das Bubalus-Rind, das seinen Lebensraum ursprünglich in Asien hatte, bis zu seinem Aussterben aber auch in der Sahara vorkam. Die Tiere stehen im Zentrum der Bilder und sind größer dargestellt als die sie jagenden Menschen. Diese werden häufig mit Masken gezeigt, was auf einen kultischen Zusammenhang hindeutet. Die Bilder weisen unterschiedliche Größen auf, manche erreichen eine Höhe von acht Metern.

## Schwierige Datierung

Unter den gut erforschten prähistorischen Fundstätten ragt eine Gebirgskette im südöstlichen Algerien heraus, Tassili n'Ajjer, die in das Neolithikum datiert werden kann. Die Artefakte sind etwa 10 000 Jahre alt und auch hier dominieren Bilder mit Jagdtieren wie Elefanten, Giraffen und Krokodilen. Insgesamt erweist sich die Datierung der Sahara-Felsbilder als schwierig, weil hier Faktoren fehlen, die bei der prähistorischen Malerei sonst wertvolle Hinweise liefern. Die sicherste Methode ist die Radiokarbondatierung (C14). Sie kann aber nur bei organischen Stoffen zum Einsatz kommen und dort erstaunlich genaue Ergebnisse liefern. Holzkohle kam als Farbstoff bei den Sahara-Künstlern aber nicht zum Einsatz. Nur in Ausnahmefällen liegt Material vor, das den Einsatz von C14 mit Aussicht auf Ertrag erlaubt. Im Acacus-Gebirge in Libyen wurden vor einigen Jahrzehnten auf einem Felsblock, auf dem sich Zeichnungen von Rindern befinden, die Reste einer Feuerstelle entdeckt. Die Messung ergab eine Datierung um 4730 Jahre vor heute. Doch das war ein zwar willkommener, jedoch singulärer Befund. Solange entsprechende Funde fehlen, müssen andere technische und naturwissenschaftliche Mittel bei der Beantwortung der Frage, in welcher Phase der Geschichte die Künstler aktiv waren, zur Anwendung kommen. So kann die in Tassili n'Ajjer erprobte Thermolumineszenz als einigermaßen zuverlässig gelten. Das Verfahren wird erst seit einigen wenigen Jahren eingesetzt und beruht auf folgendem Vorgehen: Man untersucht der Erosion ausgesetzte Ablagerungen unter der Oberfläche von Felsbildern. Die aus der Prähistorie stammenden Ablagerungen sind noch heute in ihren Konturen sichtbar und können dank dieser Methode, bei der ein Fundstück erhitzt wird, sodass die darin befindliche Energiemenge in Licht verwandelt wird, zeitlich fixiert werden. Dieses Verfahren wird ständig verfeinert, sodass zu erwarten ist, in Zukunft noch präzisere Ergebnisse zu erlangen.

Vielversprechend sind weitere, alternative Beobachtungen der Gesteinsoberfläche. Feuchtigkeit kann zu Oxidation von Eisen und Mangan und im Weiteren zur Entstehung einer dunklen Patina führen. Aus den unterschiedlichen Schattierungen lassen sich verschiedene Perioden ableiten. Als Faustregel ergab sich in Bezug auf die Höhlenmalereien: Die Büffelphase ist dunkel, die Rinderphase etwas heller, die Kamelperiode weiß. Möglich ist auf diese Weise allerdings nur die Herstellung einer relativen, nicht einer absoluten Chronologie. Das heißt: Man kann das zeitliche Verhältnis der Funde zueinander, nicht aber ihren zeitlichen Abstand zu heute bestimmen. Je älter, desto ungenauer – umgekehrt gilt: je jünger, desto genauer. Bei der Datierung späterer Zeugnisse der Sahara-Kunst helfen historische und archäologische Quellen, die entweder absolut datierbar sind oder eine stilistische Bestimmung anhand von Parallelzeugnissen ermöglichen. So kamen Pferd und Streitwagen im Verlauf des zweiten Jahrtausends v. Chr. im nördlichen Afrika an, zuerst in Ägypten, dann in Libyen, später auch bei den Berbern im westlichen Nordafrika. Das Kamel ist im Land der Pharaonen seit der zweiten Hälfte des 6. Jahrhunderts v. Chr. nachweisbar. Bei Bildern mit solchen Darstellungen kann in der Datierung also von einem sicheren Terminus post quem – einem Zeitpunkt, nach dem sie spätestens entstanden sein müssen – ausgegangen werden.

## Abenteurer und Entdecker

Wichtige Arbeiten bei der Erforschung der nordafrikanischen Felsbilder Algeriens leistete Henri Breuil, der unter anderem wertvolle Meriten bei der Erkundung der berühmten Lascaux-Höhle in Frankreich erwarb. Ihm zur Seite stand Henri

### GARAMANTEN-STREITWAGEN

Felszeichnung eines Streitwagen der Garamanten aus dem Acacus-Gebirge

Die Garamanten waren ein antiker Berberstamm im Innern Libyens. Über sie berichtet der griechische Geschichtsschreiber Herodot im 5. Jahrhundert v. Chr.: „Sie machen in vierspännigen Wagen Jagd auf die Äthiopier, die in Höhlen wohnen." Dieses kriegerische Volk errang seine Vormachtstellung im mittleren und östlichen Nordafrika durch seine Streitwagen und die Pferdezucht. Garamantische Felszeichnungen zeigen einen Streitwagen, auf dem ein Mensch steht. Das Bild diente allem Anschein dazu, die militärische Macht der gefürchteten Wüstenbewohner zu demonstrieren.

Elefantendarstellung an einem Felsen in Messak Settafet

Lhote, ein französischer Publizist und Forscher und Schüler Breuils. 1934 entdeckten französische Armeeangehörige im Wadi Oued Djerat Felsbilder mit Darstellungen von Elefanten, Giraffen, Nashörnern, Krokodilen und Flusspferden. Lhote nahm zu den Militärs Kontakt auf, begab sich selbst auf die Suche nach weiteren Zeugnissen prähistorischer Malerei und machte mehr als 800 Bilder ausfindig. Eine Ausstellung in Paris sorgte dafür, dass die Sahara-Bilder ins Blickfeld der Öffentlichkeit traten und nun als wichtiger Bestandteil der steinzeitlichen Kunst galten.

Auch andere Forscher waren früh in der Sahara tätig. Einer der ersten deutschen Afrika-Pioniere, der Historiker und Geograf Heinrich Barth, hatte sich bereits Mitte des 19. Jahrhunderts auf die Spuren vergangener afrikanischer Kulturen begeben. Im Hochplateau Messak Settafet im Südwesten des libyschen Fessan stieß Barth auf einige in die Felsen gemeißelte Bilder. Damit war er einer der ersten Europäer, der die künstlerischen Qualitäten der frühen Saharavölker erkannte und entsprechend propagierte.

Im 7. Jahrtausend v. Chr. lässt sich bei den Darstellungen in der zentralen Sahara eine signifikante Veränderung in der Motivwahl feststellen. Anstelle der Wildtiere treten zunehmend domestizierte Tiere, analog zu den realen Verhältnissen in der Viehzucht. Dieser Vorgang wird auch in einer eigenartigen Zeichnung dokumentiert, in der ein Mensch einen Elefanten an der Leine führt. Die Tiere treten nicht mehr einzeln, sondern in der Herde auf. Auch Widder werden in gezähmter Form präsentiert. Eine Art Sonnenscheibe zwischen ihren Hörnern hat in der Forschung zu allerlei Diskussionen und Spekulationen geführt. Manche Wissenschaftler sehen einen Zusammenhang mit dem altägyptischen Kult des Gottes Amun-Re, der im Nilland zu den prominentesten Göttern gehörte. Zwar liegen Ägypten und der Maghreb nicht geografisch, aber doch kulturell so weit auseinander, dass ein Zusammenhang eher auszuschließen ist – manche Formen und Inhalte können sich auch voneinander unabhängig entwickeln. Bemerkenswert ist in Bezug auf die Tierdarstellungen auch der Umstand, dass Löwen in den Bildern aus dem Maghreb immer frontal wiedergegeben sind – möglicherweise eine Reverenz an den König der Tiere.

## Runde Köpfe, kurze Hälse

Der Büffel- oder Bubalus-Zeit, wie man die erste Phase der Feldzeichnungen in der Sahara allgemein bezeichnet, folgt ab etwa 7000 v. Chr. die so-

7000 Jahre alte Darstellung von domestizierten Rindern im Wadi Imha

genannte Rundkopfzeit – abgeleitet von der Praxis der Künstler, Menschen mit betont runden, direkt auf dem Rumpf aufsitzenden Köpfen zu porträtieren. Tiere kommen fast gar nicht vor. Diese Form der Darstellung begegnet fast ausschließlich in Tassili n'Ajjer, außerdem an den benachbarten Orten Tadrart Acacus und Ennedi im Tschad. Im Gegensatz zu den meisten Sahara-Bildern sind sie hier nicht in den Stein geritzt, sondern gemalt. Gravuren und Malereien begegnen immer getrennt voneinander, nie in Kombination. Die Künstler haben ihre Darstellungstechniken also sauber getrennt. Die Rundkopf-Malerei weist einige charakteristische Merkmale auf: In der Frühphase sind die Figuren einfarbig. Die Menschen tragen identische Kleidung, sind in der Regel mit einem einfachen Schurz bekleidet, haben Federschmuck auf dem Kopf und sind als Jäger mit Pfeilen und Bögen bewaffnet. Später werden sie mehrfarbig in Szene gesetzt und nicht in jagender Tätigkeit gezeigt. Tiere und Menschen erscheinen voneinander getrennt, die Menschen treten meist in Gruppen auf.

Die dritte große Phase der Sahara-Malerei ist die sogenannte Rinderzeit. Sie dauert von etwa 5000 bis 2500 v. Chr. und wird deswegen so genannt, weil sich unter die porträtierten Figuren auffällig

viele Rinder mischen. Geht man davon aus, dass die damaligen Künstler ihre konkrete Lebenswelt darstellten, muss man annehmen, dass das domestizierte Rind in der Viehwirtschaft zu dieser Zeit eine wichtige Rolle gespielt hat. Das einzelne Tier tritt dabei so sehr hinter der Herde zurück, dass es sehr klein dargestellt wird. Vor einigen Jahren machten Forscher in diesem Zusammenhang eine wichtige Entdeckung. Im Wadi Imha in der libyschen Wüste wurde die etwa 7000 Jahre alte Malerei gefunden, die eindeutig Rinder darstellt. Sie gehörten zu den wichtigsten Nutztieren in der prähistorischen Landwirtschaft. Dass dazu auch die Produktion von Milch gehörte, konnte anhand von Gefäßen nachgewiesen werden, die offensichtlich der Verarbeitung von Milchfetten dienten. Dies ist ein Beispiel dafür, wie die Höhlenbilder in der Kombination mit weiteren archäologischen Analysen Schlaglichter auf das Leben der steinzeitlichen Menschen werfen können.

Rinder dominieren, dazu kommen weitere domestizierte Tiere wie Schafe, Ziegen, Hunde – und Menschen bei alltäglichen Verrichtungen. Offenbar war den Malern daran gelegen, auf den Felsen alle Facetten dessen festzuhalten, womit sie sich in ihrem Leben beschäftigten. Auch einzelne Darstellungen erotischen Inhalts können mit diesem Bestreben erklärt werden. Die auf den Sahara-Bildern dargestellten Menschen gehören unterschiedlichen Ethnien an, und die Künstler sind bestrebt, diese kulturellen Varianten herauszustellen. So gibt es dunkelhäutige Menschen mit den Attributen Pfeil und Bogen, und es gibt Menschen mit heller Haut, die auch mit anderen Waffen ausgestattet sind als die erste Gruppe: Sie tragen Speere, Wurfhölzer und Keulen.

Der Rinderzeit folgt die sogenannte Pferdezeit. Hier hat sich offenbar ein Wandel vollzogen, der auch in der Malerei seinen Niederschlag gefunden hat. Das Pferd gewinnt in Krieg, Landwirtschaft und Handel zunehmend an Bedeutung, worauf die Künstler mit entsprechenden Darstellungen reagieren: ein weiterer Beweis, dass die Kunst der Steinzeit eine Reaktion auf gesellschaftliche und kulturelle Verhältnisse ist. Diese Periode dauert ziemlich genau 1500 Jahre, bis zur christlichen Zeitenwende. Klimatisch wandelt sich die Sahara in dieser Zeit von einer Grünzone zur Wüste. Die Umwelt der Sahara-Bewohner verändert sich sukzessive und kontinuierlich. Und damit wandeln sich auch die Felsbilder. Der Begriff „Pferdezeit" ist insofern nicht korrekt, als diese Tiere nicht überall mit gleicher Häufigkeit erscheinen. Ihre Domänen waren der Maghreb und die zentrale Sahara.

Die Pferde stehen im Mittelpunkt, aber sie werden sehr klein dargestellt, nicht größer als 30 Zentimeter. Auch die Menschen erscheinen als Winzlinge. Ihre Physiognomie ist mehr als schematisch, die Köpfe sind nur noch als Striche erkennbar. Dafür sind sie außerordentlich kämpferisch. Das harte und raue Leben in der Wüste, der Kampf um Weide- und Wasserplätze, macht sich in den Bildern bemerkbar. So sind kämpferische Auseinandersetzungen mit Schild und Speer im Bildprogramm an der Tagesordnung. Sie sollen die eigene Stärke betonen und die Feinde warnen.

Das Aufgebot der Tiere hat sich auf den Bildern gegenüber den vorhergehenden Perioden verändert. Das heißer und trockener werdende Klima hatte entscheidende Auswirkungen auf Flora und Fauna und auf deren Präsentation in den Bildern und Zeichnungen. Löwen, Elefanten oder Büffel spielen keine wichtige Rolle mehr, dafür Strauße, Antilopen oder Gazellen.

Wüsten werden primär mit Kamelen verbunden. Tatsächlich tauchen diese Wüstenschiffe auch auf den Bildern auf, allerdings erst in der letzten Phase der Sahara-Kunst. So spricht man für die Periode von der Zeitenwende bis in die ersten nachchristlichen Jahrhunderte von der Kamelzeit. Sie waren die idealen Reit- und Transporttiere unter den neuen Lebensbedingungen, und entsprechend prominent ist ihre Präsenz in den Bildern. Es wimmelt an manchen Wänden und Felsen geradezu von Kamelen. Detailtreue und Realismus spielen bei der künstlerischen Produktion keine große Rolle mehr: Sowohl Menschen als auch Tiere sind flüchtig, fast oberflächlich graviert oder gezeichnet. Kamele erkennt man nur noch am Höcker, Menschen sind Striche in der Landschaft. Es fällt auf, dass Rinder kaum noch auftauchen. Strauß und Mufflon halten bei den Wildtieren die Stellung.

# HÖHLE DER BESTIEN

## ÄGYPTISCHE KUNST VOR DEN PHARAONEN

Wandmalerei an der nach ihren Entdeckern benannten Foggini-Mestikawi-Höhle im ägyptischen Wadi Sura

Die alten Ägypter waren in Sachen Wandmalerei Spezialisten. Jahr für Jahr kommen Heerscharen von Touristen aus aller Welt in das Land am Nil, um die farbigen Bilder zu bewundern, die sich an den Wänden der prächtigen Tempel befinden und noch heute von einer uralten Hochkultur künden. Für diese Kunst stehen Namen wir Sakkara, Luxor, Theben, Abu Simbel, das Tal der Könige und viele andere Orte, an denen es von Bildern und Reliefs nur so wimmelt. Die große Geschichte Ägyptens begann um 3000 v. Chr., als Memphis zur ersten Hauptstadt jener Herrscher avancierte, die sich später Pharaonen nannten – mächtige Könige, die als Inkarnation des göttlichen Horus galten. Die Kunst stand ganz im Dienste dieser Herrscher und sollte deren Macht zeigen. Mit der Entwicklung einer Schrift, den Hieroglyphen, konnte man die bildlichen Szenen auch erklären und kommentieren. Die ägyptische Kunst war religiös und politisch, im Mittelpunkt der Darstellungen standen daher die Götter und Göttinnen und die Pharaonen, aber auch hohe Beamte, Priester und Würdenträger, die das propagandistische Potenzial nach dem Vorbild der Könige für sich zu nutzen verstanden. Die Künstler traten fast ganz hinter ihrem Werk zurück. Viele von ihnen waren Genies, die Qualität ihrer Arbeiten war herausragend. Kein Buch über die Geschichte der Kunst kann auf eine Würdigung der Leistungen der Ägypter verzichten. Über die Produzenten dieser Kunst erfährt man dagegen kaum etwas. Innovation war in der ägyptischen Kunst der Pharaonenzeit weniger gefragt. Stilistisch blieb die Gestaltung der Bilder im Wesentlichen gleich, vom Alten über das Mittlere bis in das Neue Reich, das im ersten Jahrtausend v. Chr. endete, als fremde Mächte die Regie in dem Nilland übernahmen.

Was die Motive angeht, so spielten in dieser Kunst Tiere immer eine wichtige Rolle. Das alte Ägypten war für seinen Tierkult bekannt, Tiere wurden göttlich verehrt, es gab mehr als 2000 verschiedene Tiergötter. So ist es kein Wunder, dass in der Kunst und insbesondere auf den Wandgemälden und Reliefs göttliche Tiere in prominenter Weise auftauchen. Das gilt beispielsweise für den Mumiengott Anubis, der als Schakal dargestellt wird, für Bastet, die sich die Ägypter als Katze vorstellten, für die Löwin Sachmet, den Falken Horus und den Ibis Toth. So qualitätsvoll die Kunst an sich ist, so wenig Bewegung herrscht in ihr. Menschen wie Tiere wirken starr, sie werden allenfalls gezeigt, wie sie im Begriff sind, sich zu bewegen.

Die Technik der Wandmalerei war in der Zeit der Pharaonen ausgefeilt. Bevor etwas auf die Wand gemalt wurde, wurden zunächst die Umrisse der Bilder mit feinen Linien herausgearbeitet. Bei den Reliefs gab es zwei Optionen: Entweder verwendete man Flachreliefs (hier wurde der Hintergrund abgetragen) oder versenkte Reliefs (hier wurden die Linien in den Fels hineingemeißelt).

Die Kunst zur Zeit der Pharaonen hatte hohe Symbolkraft. Wer als Zeitgenosse ihre Botschaften entziffern wollte, musste sich in dieser Zeichensprache auskennen. Die moderne Wissenschaft ist in dieser Hinsicht besser dran, sie hat den Überblick über das Ganze und im Laufe der Zeit ein methodisches Instrumentarium entwickelt, mit dessen Hilfe diese Botschaften gelesen werden können. So besteht eine der Erkenntnisse darin, dass es bei der Darstellung menschlicher Gestalten nicht um die realistische Wiedergabe der tatsächlichen Physiognomie ging. Die Darstellung steht für etwas, soll eine bestimmte Aussage transportieren. Wenn ein Pharao porträtiert wird, hat dies nicht den Zweck, dem Volk zu zeigen, wie er eigentlich aussah. Der Pharao ist kein Mensch zum Besichtigen, er ist göttlich und ist deswegen von Ausdruck und Habitus her der menschlichen Sphäre entrückt, weist auch keine körperlichen Defizite auf (abgesehen vom „Ketzerkönig" Echnaton, der, entsprechend einer neuen politischen Ideologie, in seinen Bildnissen gerade auf eine Abkehr von der herkömmlichen Darstellung zielte). An den Fassaden der Tempel wurde der Pharao gerne gezeigt, wie er persönlich Feinde verjagt. Das hat er in der Re-

Kunst der Pharaonenzeit: Wandmalerei in der Grabkammer Ramses' I. im Tal der Könige bei Luxor

alität nie getan, dafür hatte er seine Leute. Die Künstler aber hatten den Auftrag, seine Fähigkeiten als Kriegsherr zu unterstreichen.

## Schwimmer, Bestien und Giraffen

Die ägyptische Hochkultur setzte um 3000 v. Chr. ein – doch eigentlich ist sie sehr viel älter. Die Ägypter leisteten auf dem Gebiet der Kunst schon Großes, bevor sie politisch und kulturell groß wurden. Will man den Beginn der ägyptischen Kunst zeitlich taxieren, muss man noch ein paar Jahrtausende zurückgehen, in die Steinzeit. Auch Ägypten hatte eine aktive Steinzeit, was man gerne übersieht, weil die historische Zeit so leuchtend gewesen ist. In Bezug auf die Wandmalerei, in der es die späteren Ägypter zu wahrer Meisterschaft brachten, ist es aber ein reizvolles Unternehmen zu prüfen, ob die viel bewunderte ägyptische Kunst in der steinzeitlichen Malkunst einen Vorläufer hatte – sowohl was Technik als auch Stil und Motive angeht. Mit anderen Worten: Kann die steinzeitliche Kunst mithilfe der späteren Kunst besser verstanden werden?

Eine der bekanntesten ägyptischen Höhlen aus der vorpharaonischen Zeit ist die sogenannte Höhle der Bestien. Sie wurde erst 2002 von den Archäologen Massimo Foggini, seinem Sohn Jacopo und Ahmed Mestikawi entdeckt. Nach ihnen wird die Höhle auch als Foggini-Mestikawi-Höhle bezeichnet. „Höhle der Bestien" klingt natürlich spektakulärer, und so hat sich dieser Name auch in der Forschung eingebürgert. Die Malereien in dieser Höhle sind etwa 7000 Jahre alt, gehören also in die Zeit des Neolithikums. Diese Phase der Geschichte Ägyptens gilt als „Vordynastische Zeit", also eine Zeit, als das Land noch nicht von Herrscherdynastien regiert wurde. Die ersten steinzeitlichen Kulturen sind in Ägypten ab etwa 5000 v. Chr. nachgewiesen, also ab jener Zeit, aus der auch die Malereien aus der Höhle der Bestien stammen. Sie wurde also von den Menschen in Beschlag genommen, als sich hier erste, lokal organisierte Kulturen herausbildeten. Ihre bevorzugten Siedlungsplätze lagen im Norden des Landes, in den fruchtbaren Gebieten des Fayum und des Nildeltas. Sie lebten von Ackerbau und Handwerk, teilweise auch vom Abbau von Bodenschätzen.

Die Höhle der Bestien liegt weiter westlich, im Wadi Sura (Tal der Bilder) zu Füßen des Gilf-el-Kebir-Gebirges, an der heutigen Grenze Ägyptens zu Libyen. Unter Archäologen firmiert sie auch unter der Bezeichnung Wadi Sura II. Als Wadi Sura I gilt die bereits 1933 entdeckte Höhle, die nach ihrem spektakulärsten Wandgemälde Höhle der Schwimmer genannt wurde. Zwei Jahre zuvor hatte der Landvermesser Patrick Andrew Clayton bei einer Expedition ganz in der Nähe eine Felsgravur, einen sogenannten Petroglyphen, entdeckt, der eine in roter Farbe gemalte Giraffe darstellt. Weil man kombinierte, dass es dort, wo sich eine Zeichnung befindet, auch mehrere geben kann, wurde die Suche nach weiteren Bildern in der Umgebung nun systematisch durchgeführt. Mit Erfolg: Im Frühjahr 1933 fand der Entdecker und Saharaforscher Lászlo Almásy eine reich mit historischen Bildern ausgestattete Höhle, und mit der Zeit wurden nach und nach weitere mit Bildergalerien versehene Höhlen entdeckt. Die Gemälde wurden analysiert und interpretiert, und man kam zu dem Ergebnis, dass sich im Wadi Sura äußerst ergiebige Zeugnisse prähistorischer Höhlenmalereien befanden.

Wadi Sura I, die Höhle der Schwimmer, ist, verglichen mit den „Kathedralen“ von Lascaux und Altamira, eine nur kleine Gemäldegalerie, eine „Kapelle“. Sie ist gerade einmal vier Meter breit, drei Meter tief und zwei Meter hoch. Dafür sind die Bilder spektakulär und geben bis heute Anlass zu zahlreichen, sehr unterschiedlichen Deutungen, vor allem, weil sie in der Thematik einzigartig sind: Gezeigt werden in rötlich-brauner Farbe gezeichnete Menschen, die auf den ersten Blick in der Luft zu schweben scheinen, die aber, wie man auf den zweiten Blick an ihren Bewegungen erkennen kann, schwimmen. Einer streckt seine Arme und Beine so aus, als trainiere er eine frühe Form des Freistils. Wie aber kamen Künstler am Rande der Wüste vor 4000 Jahren (auf diese Zeit werden die Bilder datiert) auf die Idee, schwimmende Menschen zu malen? Der Entdecker Almásy hatte eine Lösung parat. 1934 brachte er ein Buch mit dem Titel *Unbekannte Sahara* heraus, in dem er dafür plädierte, die Schwimmszenen für authentisch zu halten. Zu der Zeit, als die Bilder entstanden sind, habe man in der Sahara tatsächlich noch baden können, weil Klima und Vegetation

Schwimmer in der Wüste?

anders gewesen seien. Richtig ist, dass zu dieser Zeit in der Sahararegion noch kein Wüstenklima herrschte. In der Nähe der Höhle lag einst ein nach dem Ende der letzten Eiszeit entstandener See, der jedoch mit zunehmender Erderwärmung austrocknete. Ob man jedoch hier schwimmen konnte? Hier darf Skepsis erlaubt sein. Vielleicht stellen die Personen gar keine Schwimmer dar. Und wenn sie es wären, muss bedacht werden, dass prähistorische Höhlenmalerei nicht nur Realitäten abbildete, sondern gerne und häufig auch mit symbolischen Darstellungen arbeitete. Worum es sich also in der Höhle der Schwimmer konkret handelt, kann nicht mit Gewissheit gesagt werden. Cineastisch ist diese Höhle in dem Spielfilm *Der englische Patient* gewürdigt worden.

Gerade einmal 15 Meter von der Höhle der Schwimmer entfernt befindet sich eine weitere kleine Höhle, Höhle der Bogenschützen oder Höhle der Jäger genannt. Wenig überraschend findet man hier Bilder von Jägern mit Pfeil und Bogen, dazu Abbildungen von Tieren und weiteren menschlichen Gestalten, mutmaßlich Frauen.

Die Höhle der Bestien, Wadi Sura II, liegt nur elf Kilometer von Wadi Sura I entfernt. Sie gehört zu den am besten erforschten Höhlen in Region um das Gilf-el-Kebir-Gebirge. Die Gegend ist heute im Gegensatz zur Steinzeit so gut wie unbewohnt. Als die Landschaft vor 6000 Jahren auszutrocknen begann, verließen die Bewohner die Region und siedelten sich an anderen Orten an. Forscher der Universität Köln arbeiten in Kooperation mit dem Deutschen Archäologischen Institut Kairo und der Deutschen Forschungsgemeinschaft seit 2009 intensiv daran, der Höhle der Bestien weitere Geheimnisse zu entlocken. Gegenstand der Arbeiten ist die systematische Dokumentation der Höhle und ihrer Wandmalereien sowie deren Schutz und Konservierung. Auch die Umgebung soll in die Untersuchungen mit einbezogen werden, geleitet von der Erkenntnis, dass man die Höhlen nicht isoliert, sondern im Zusammenhang mit ihren landschaftlichen, kulturellen und gesellschaftlichen Bezügen betrachten sollte.

Die Höhle der Bestien ist etwas größer als die Schwimmer-Höhle, jedoch in den Dimensionen nicht vergleichbar mit den frankokantabrischen Höhlen. Sie ist 17 Meter breit und sieben Meter hoch. Damit ist nicht viel Platz, und doch zieren hier auf engstem Raum mehr als 5000 einzelne Fi-

## FROBENIUS UND RHOTERT – PIONIERE DER NORDAFRIKANISCHEN HÖHLENFORSCHUNG

Leo Frobenius, 1873 in Berlin geboren, war Ethnologe und ein bedeutender Afrikaforscher. Neben zahlreichen anderen Funktionen war er von 1935 bis zu seinem Tod 1938 Direktor des Frankfurter Museums für Völkerkunde. Heute lagern im Archiv des nach ihm benannten Frobenius-Instituts an der Goethe-Universität wertvolle Dokumentationen von 16 Expeditionen, die er in der Welt der prähistorischen Höhlenmalereien unternommen hat – Kopien der Felsbilder, die er von Malern anfertigen ließ, die ihn auf seinen Forschungsreisen begleiteten. Viele der Originale sind inzwischen zerstört oder verschwunden, und so ist die Frobenius-Sammlung umso wertvoller. Zu den Höhepunkten gehören die Bilder vom Gilf-el-Kebir-Plateau und von dort insbesondere die Malereien aus der Höhle der Schwimmer. Frobenius tat auch viel für das Marketing der Höhlenbilder. In den 1930er-Jahren unternahm er mit seinen Kopien zahlreiche Promotionstouren, die ihn unter anderem in die USA führten, wo sie in 30 Städten ausgestellt wurden. Frobenius' Schüler Hans Rhotert, geboren 1900 in Hannover, gestorben 1991 in Traunstein, setzte dessen Forschungen fort. 1952 veröffentlichte er das Standardwerk *Libysche Felsbilder*. Von 1957 bis 1970 war Rhotert Direktor des Lindenmuseums in Stuttgart, das unter seiner Leitung zu einem der führenden ethnologischen Museen weltweit wurde.

Was stellen die dreibeinigen, kopflosen Bestien dar?

guren die Höhlenwände. Die verwendeten Farben sind Rot, Gelb, Weiß und Schwarz. Die Künstler waren bestrebt, die kleine Höhle zu einem Panorama ihrer Kultur, Gesellschaft und Religion zu gestalten. Chronologisch verteilen sich die Bilder über 1000 Jahre, in denen die Höhle in Benutzung war und für die hier lebenden Gruppen einen Mittelpunkt darstellte. Die Motive der Bilder sind außerordentlich vielfältig. Am auffälligsten und ungewöhnlichsten sind jene Figuren, die der Höhle die Bezeichnung „Bestien“ einbrachten. Als Bestien oder auch Ungeheuer oder Monster bezeichnet man meist mythologische Wesen, die für Mensch und Tier eine Gefahr darstellen, sich nicht an Regeln halten und sich mit ihrem Verhalten aus der Gesellschaft herauskatapultieren. Alle diese Charakteristika scheinen auf die Bestien in dieser Höhle zuzutreffen. Es handelt sich um groß gewachsene, massige Wesen ohne Kopf, mit langen Schwänzen, drei Füßen und einem Körper, der an einen Stier erinnert. Gegenüber den Menschen, die sich auf den Bildern in ihrer Gesellschaft befinden, verhalten sie sich unfreundlich: Sie sind anscheinend gerade dabei, sie zu verspeisen oder auszuspucken, was ihnen auch ohne Kopf gelingt. Dieses Horrorszenario hat in der gesamten prähistorischen Wandmalerei keine Entsprechung. Sie findet sich auch nicht in den Bildern der pharaonischen Zeit, hat dort also keine Spuren hinterlassen. Eine Interpretation ist aufgrund ihrer Einzigartigkeit nicht einfach.

## Parallelen in der griechischen Mythologie?

Man könnte sich an zwei Motivstränge aus der späteren antiken griechischen Mythologie erinnert fühlen: Die Stiergestalt der Bestien weist Ähnlichkeiten mit dem kretischen Kulturkreis auf. Am Hof des Königs Minos in Knossos siedelten die Griechen ein Ungeheuer – eine Bestie – an, der sie den Namen Minotauros gaben: der „Minos-Stier“, ein Wesen halb Stier, halb Mensch. Alle neun Jahre, so der Mythos weiter, verlangte der König von der Stadt Athen einen Tribut von sieben jungen Männern und sieben jungen Frauen, die dem Minotauros, der im Labyrinth von Knossos hauste, zum Fraß vorgeworfen wurden. Diesen aus Sicht der Athener unhaltbaren Zustand beendete der athenische Königssohn Theseus, der mithilfe der Ariadne, der Tochter des Minos, ins Labyrinth eindrang und die Bestie zur Strecke brachte. Erinnert wird man bei den Bestien in der Höhle auch an die Geschichte von Skylla und Charybdis, die in Homers *Odyssee* eine prominente Rolle spielen. Es handelt sich bei ihnen um zwei Meeresungeheuer, die jeweils eine Seite einer Meerenge besetzten und den passierenden Schiffen erhebliches Ungemach bereiteten. Die eine Bestie – Charybdis – saugte dreimal am Tag das Meereswasser ein, um es dann wieder auszuspucken. Schiffe, die in diesen Sog hineingerieten, waren unrettbar verloren.

Darstellung von Giraffen, Straußen und Schakalen im Wadi Hamra im Gilf-el-Kebir-Plateau

Skylla hat den Oberkörper einer jungen Frau und einen aus sechs Hunden bestehenden Unterleib. Auf einem Felsen gegenüber von Charybdis fraß sie alles auf, was auf dem Meer vorbeikam. Diese Assoziationen können sich einstellen, wenn man auf den Höhlenbildern die Bestien in Stiergestalt sieht, die Menschen fressen und wieder ausspucken. Eine direkte Verbindung zwischen den Motiven auf den Gemälden und der griechischen Mythologie ist allerdings kaum herzustellen. Dazu liegen sie zeitlich zu weit auseinander. Doch man muss nicht immer nach solchen unmittelbaren Verbindungen suchen. Es gibt auch so etwas wie anthropologische Konstanten, kulturelle Phänomene, die zu ganz unterschiedlichen Zeiten in unterschiedlichen Kulturen auftauchen können. Das zeigt sich auch bereits in der prähistorischen Kunst, wenn Künstler in Afrika oder in Südamerika ähnliche Motive wählten wie jene in Europa. Es gibt eine zeit- und ortsübergreifende Identität der Mentalität und daraus resultierender künstlerischer Ausdrucksformen. Kulturen von Jägern und Sammlern brauchen nicht in jedem Fall äußere Inspirationen, um zu denselben oder zumindest ähnlichen Motiven in der Kunst zu gelangen.

Die Bestien aus Ägypten sind nun aber einzigartig, sie haben in der steinzeitlichen Kunst – jedenfalls nach aktuellem Stand – keine Parallele. Das bedeutet wiederum nicht, dass sie die in den Bildern zum Ausdruck kommende Vorstellungswelt exklusiv für sich hatten. Nur sie sind es aber gewesen, die das düstere Szenario auf die Wand einer Höhle bannten. Den Grund dafür kennen wir nicht. Bezieht sich die Darstellung auf einen Mythos? Haben die Bilder eine magische Intention, etwa dass sie Unheil abwenden sollten? Auch hier könnte man eine allgemeine Lehre insbesondere aus der frühen Menschheitsgeschichte anführen: Man versucht, gefahrvolle Mächte zu bändigen, indem man sie in ihrem unseligen Wirken zeigt. Typisch ist dabei, wie wiederum spätere antike Beispiele zeigen, dass man diese Mächte mit körperlichen Defiziten ausstattet, so wie die Bestien keinen Kopf und nur drei Beine haben. In der griechischen Mythologie gibt es eine Parallele in Gestalt der Zyklopen, jenen ungehobelten, riesenhaften Gestalten, denen die Erfinder dieses Mythos als prägnantes körperliches Merkmal die Einäugigkeit verordnet haben.

Bilanzierend gilt für die Interpretation der Bestien, dass trotz einiger Anhaltspunkte, die sich aus der späteren antiken Mythologie ergeben und trotz allgemeiner anthropologischer Konstanten, nichts Definitives ausgesagt werden kann. Dies gilt im Übrigen auch für den merkwürdigen Umstand, dass einige der Ungeheuer eine Art goldenes Netz tragen. Hier kann man ebenfalls nur spe-

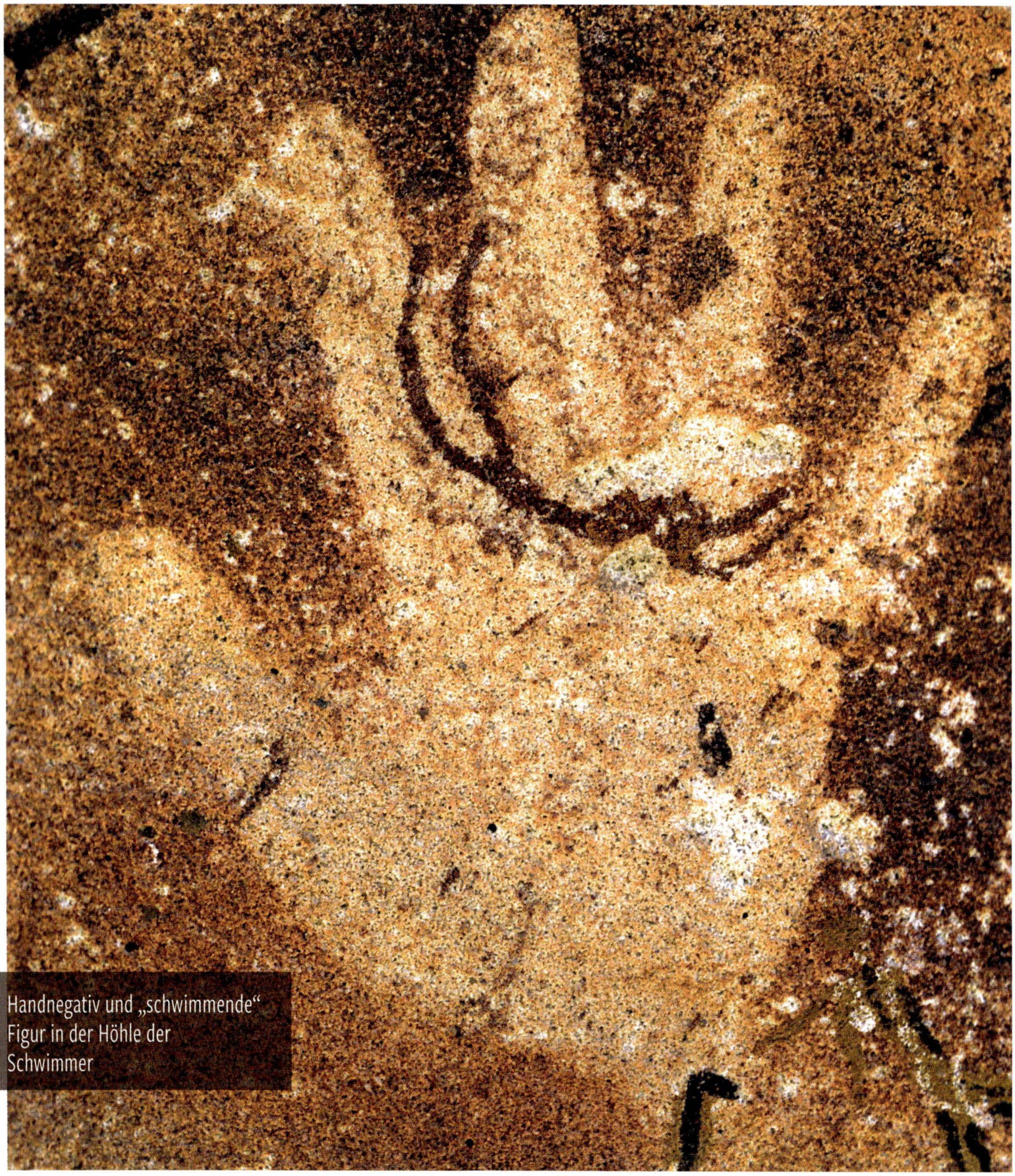

Handnegativ und „schwimmende" Figur in der Höhle der Schwimmer

kulieren: Sollten damit die Menschen eingefangen werden? Ist dieses Attribut Teil einer Darstellung einer verkehrten Welt, in der die wilden Tiere die Menschen jagen und nicht umgekehrt? Eine mögliche Bestätigung dieser Deutung könnte sein, dass die Menschen, die mit den Bestien abgebildet sind, nicht statisch dargestellt sind, sondern sich in Bewegung befinden. Einige scheinen zu tanzen, andere in der Luft zu schweben, wieder andere zu schwimmen – so wie die Figuren in der Höhle der Schwimmer. Und einige haben eine Waffe, mutmaßlich eine Schleuder, die sie über dem Kopf halten. Die Bestien und die Menschen interagieren miteinander. Den Überlegungen zur Funktion der Bestien ist abschließend noch die Beobachtung hinzuzufügen, dass einige der Darstellungen bereits in prähistorischer Zeit beschädigt worden sind. Ein aufschlussreiches Detail, auch wenn wir natürlich nicht wissen können, wer die Täter gewesen sind und welche Gründe das destruktive Wirken hatte. Wir wissen nicht einmal, ob es sich um Zufall oder Absicht gehandelt hat. Wenn es Absicht war, wäre denkbar, dass spätere Steinzeitmenschen mit den Bestien nichts mehr anfangen konnten. Oder sie wurden entfernt, weil sie nicht unbedingt eine positive Botschaft transportiert haben. Dass Bilder übermalt wurden, ist im Übrigen in der steinzeitlichen Höhlenmalerei keine Seltenheit. Dies geschah nicht nur deswegen, weil die alten Bilder nicht mehr gefragt waren – die Höhlengalerien dienten ja nicht als Museen, sondern als Übermittler zeitgenössisch relevanter Botschaften –, sondern auch deswegen, weil zumindest in kleineren Höhlen Malfläche rar war.

## Handabdrücke auch in Ägypten

Auch in der Höhle der Bestien bestätigt sich das Phänomen, dass es in der Steinzeit weltweit einen Hang dazu gab, an den Wänden die Abdrücke von Händen anzubringen. Sie gehören zu den ältesten Abbildungen in der Höhle, sind in einer absoluten Chronologie aber relativ jung und viel später als die Hände in anderen prähistorischen Höhlen. Was die Funktion und Bedeutung dieser steinzeitlichen Händemanie angeht, gilt dasselbe wie das, was über El Castillo, Chauvet oder die Höhle der Hände in Argentinien zu sagen ist: Es kann sich um Künstlerautogramme handeln, um Beweise, dass man in der Höhle gewesen war, oder um Belege für kultische Handlungen, etwa im Kontext des Schamanismus oder im Rahmen anderer religiöser Zeremonien.

Die Bestien sind etwas Besonderes, die Hände begegnen auch in vielen anderen Höhlen. Konventionell hingegen ist das weitere Bildprogramm in der Höhle der Bestien. Hier werden jene Tiere dargestellt, die von den neolithischen Jägern gejagt wurden. Dazu gehören ein Elefant, Strauße, Antilopen und Giraffen – landestypische Tiere also.

Vergleicht man nun abschließend die vordynastische Höhlenmalerei in Ägypten mit der Malerei, wie wir sie aus dem pharaonischen Ägypten kennen, so ist festzuhalten: Die Kunst in der Höhle der Bestie ist mehr Steinzeitkunst als Vorstufe zur späteren ägyptischen Kunst. Die ägyptische Hochkultur, die ab 3000 v. Chr. einsetzte, gehorchte anderen Gesetzen als die prähistorische Kunst zwei Jahrtausende zuvor. Sie diente dem Ruhm des Pharaos und der Götter. Die Höhle der Bestien repräsentiert, ebenso wie die Höhle der Schwimmer, eine andere Welt, die zwar auch in Ägypten liegt, aber von der Zeit des Neolithikums geprägt ist, in der das gesellschaftliche und kulturelle Leben von anderen Kriterien abhängig war – von der Jagd, der Religion, einer sich allmählich ausbildenden gesellschaftlichen Organisation.

### TADRART ACACUS – EIN LIBYSCHES HÖHLENWUNDER

Das Ägypten benachbarte Libyen hat in Sachen prähistorischer Höhlenkunst einen faszinierenden Ort zu bieten. Er befindet sich im Südwesten des Landes, an der Grenze zu Algerien, und ist nach dem Gebirge Tadrart Acacus (Berg von Acacus) benannt. Hier gibt es verschiedene Höhlenkomplexe mit Bildern, die teilweise 10 000 bis 12 000 Jahre alt sind. Aufgrund ihrer Qualität und ihrer Bedeutung wurden sie 1985 zum UNESCO-Kulturerbe. Bis heute wurden in den weitläufigen Höhlenkomplexen Tausende von Malereien und Zeichnungen entdeckt, die meist die einheimische Tierwelt porträtieren: Giraffen, Strauße, Elefanten und Kamele. 2014 schrieb der Acacus negative Schlagzeilen, als im Rahmen des Bürgerkriegs in Libyen Dschihadisten und Salafisten viele der Bilder mutwillig zerstörten, weil sie sämtliche vorislamische Kunst ablehnen.

# BHIMBETKA

## INDISCHES BILDERWUNDER

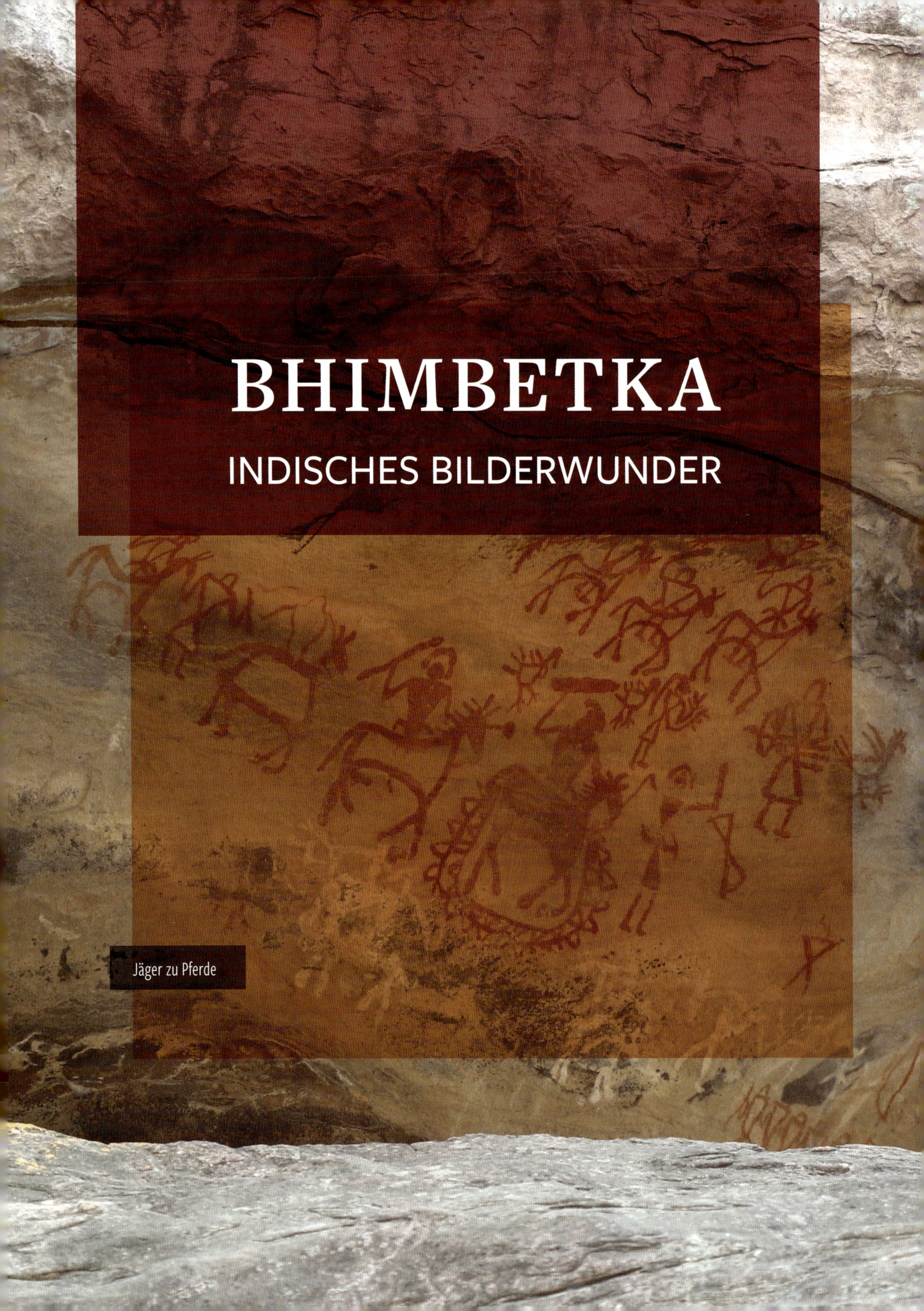

Jäger zu Pferde

Lascaux oder Altamira, die bekanntesten europäischen Fundstätten steinzeitlicher Höhlenmalerei, haben die prähistorischen Bewohner von Bhimbetka ganz sicher nicht gekannt. Und doch pflegten sie genauso kunst- und fantasievoll wie ihre mehrere Tausend Kilometer entfernt lebenden Pendants in Frankreich und Spanien, die Praxis, die Wände von Grotten mit Bildern zu verzieren. Da Bhimbetka auf dem indischen Subkontinent liegt, ist die Wahl der Motive, insbesondere die Tierdarstellungen, eine etwas andere als in Europa oder Afrika. Dennoch waren die prähistorischen Inder vom selben Wunsch geleitet, ihre Wünsche, Hoffnungen, Gedanken und Erfahrungen auf den Höhlenwänden abzubilden. Insofern gehörten sie zu der globalen Gemeinschaft der künstlerisch aktiven Steinzeitmenschen.

Bhimbetka ist nicht nur eine einzige Höhle. Bhimbetka ist ein ganzer Höhlenkomplex am südlichen Rand des Vindhya-Gebirges, eines bis zu 850 Meter hohen, sich über eine Distanz von mehr als 1000 Kilometern erstreckenden Gebirgszuges im nördlichen und zentralen Indien im Bundesstaat Madhya Pradesh. Er gehört zu den ärmeren Regionen des Landes, hat aber ein reiches kulturelles Erbe. Bhimbetka ist heute Teil eines großen Naturschutzgebietes – und seit 2003 auch UNESCO-Kulturerbe. Offenbar war die Gegend vor Tausenden von Jahren ideal als Lebensraum und Jagdrevier und als Ort zur Herstellung früher künstlerischer Wunderwerke. Viele von den mehr als 700 Grotten sind mit Malereien ausgestattet, die vor vielen Jahrtausenden angefertigt wurden. Natürlich hat sich die Landschaft gegenüber früher gewandelt. Die klimatischen Verhältnisse waren auch in Indien andere als heute. Doch lebten wohl auch hier die Jäger und Sammler der Steinzeit in einer Region, deren Vegetation von dichten Wäldern geprägt war und in der es viele Wasserquellen gab – fruchtbar genug, um eine reiche Pflanzen- und Tierwelt hervorzubringen.

Die Höhlen von Bhimbetka sind schon seit Langem bekannt. Buddhisten nutzten sie zeitweise als Kult- und Opferstätten. Die Felszeichnungen interessierten sie da allerdings noch nicht. Erst 1957 stieß der indische Archäologe Vishnu Sridhar Wakankar auf die Bilderwelt von Bhimbetka. Es heißt, er habe auf einer Zugfahrt, die ihn durch die Gegend der Höhlen führte, Felsformationen gesehen, die ihn an die Topografie der Höhlen von Altamira und Lascaux erinnerten. Der Beobachtung vom Zug aus erfolgte die sorgfältige Erforschung vor Ort. Und tatsächlich hatte ihn sein Instinkt nicht getäuscht. Der Prähistoriker und sein Team präsentierten in den folgenden 16 Jahren erstaunliche Resultate. Die von den Wissenschaftlern untersuchten Grotten legen eindrucksvoll Zeugnis von der Malfreudigkeit der prähistorischen Bewohner dieser Region ab, auch wenn nicht alle als Galerien genutzt wurden. Die Chronologie ist noch nicht endgültig gesichert. Doch kann davon ausgegangen werden, dass die damaligen Menschen vor

## BHIMA UND DER MYTHOS VON BHIMBETKA

Bhimbetka ist der Schauplatz eines der bekanntesten indischen Mythen. Im Mittelpunkt steht der Held Bhima, der Namensgeber des Ortes. Übersetzt bedeutet sein Name „der Schreckliche". Bhima ist im Epos Mahabharata einer der fünf Söhne des Königs Pandu, die Pandavas genannt werden. Sie haben viele Feinde und werden in zahlreiche Kämpfe verstrickt. Der ruhmreiche Bhima, stark und immer hungrig, besiegt in der Schlacht von Kurukshetra alle Feinde der Pandavas und wird daraufhin zum Herrscher von Hastinapur bestimmt. Als ein neues Zeitalter anbricht, begeben sich die fünf Brüder auf eine Pilgerreise ins Himalaya-Gebirge und kehren nicht wieder zurück.

etwa 12 000 Jahren mit dem Bemalen der Höhlen begannen. Als Kunstraum dienten sie allerdings nicht von Anfang an. In der mittleren Steinzeit suchten die Sippen der Nomaden hier Schutz vor wilden Tieren oder schlechter Witterung. Dann muss etwas passiert sein, das sie veranlasste, sich künstlerisch zu betätigen. Da die meisten Bilder wie auch in den anderen prähistorischen Höhlen Tiere darstellen, liegt der Gedanke nahe, dass auch in diesem Fall Jagderlebnisse inspirierten und sie die ihnen geläufige, alltägliche Umwelt zu reproduzieren. Dies haben alle prähistorischen Kulturen gemein. Immer spielte die Jagd im realen Leben wie in der künstlerischen Darstellung eine herausragende Rolle. Die Künstler wandten im Prinzip jene Methoden an, die auch ihre Kollegen in anderen Höhlen nutzten. Um die Farbeffekte zu erzielen, kamen pflanzliche Farbstoffe, Tierfette, die Wurzeln von Sträuchern und die Extrakte von Blättern zum Einsatz. Als Pinsel wurden Pflanzenfasern verwendet.

## Tiere, Trommler und Tänzer

Die Tierwelt in den Höhlen von Bhimbetka ist bunt und vielfältig und richtet sich nach dem, was die Menschen damals selbst sahen und erlebten. Eine prominente Rolle spielen Elefanten, die für die Künstler offenbar beliebte Repräsentanten der einheimischen Fauna waren. Sie erscheinen in verschiedenen Varianten und Situationen. Ein Gemälde zeigt beispielsweise ein Tier, das mit seinen gewaltigen Stoßzähnen imponiert. Auf seinem Rücken befindet sich eine menschliche Gestalt, nach ihren Requisiten als Jäger zu identifizieren: Er hält einen Speer und einen Dolch in seinen Händen, an seiner Hüfte trägt er ein Schwert. Hier wird die Jagd mit Elefanten und nicht die Jagd nach Elefanten thematisiert.

Dass steinzeitliches Jagen alles andere als ungefährlich war, zeigt ein Bild, auf dem ein Bison einen lediglich als Strichmännchen skizzierten Jäger jagt. Andere Jäger, ebenfalls mit Dolch, Schwert sowie Pfeil und Bogen bewaffnet, machen einen deutlich selbstbewussteren Eindruck. In einer Nische, dem Zoofelsen, trifft man neben den Elefanten einen Sambar genannten großen Hirsch und Bisons. Andere Felsen zeigen einen Pfau und eine Schlange.

Tiere, Menschen und Jagdwaffen mögen von der Motivwahl her nichts Außergewöhnliches sein. Doch wartet Bhimbetka mit einer kulturhistorischen Spezialität auf: Auf einem Höhlenbild ist ein frühes Musikinstrument zu erkennen, das eine Form der auf dem indischen Subkontinent populären Sanduhrtrommel darstellt. Auch der dieses

In Messak Settafet wird nicht Jagd auf Elefanten gemacht, sondern mit Elefanten gejagt.

Instrument bedienende Musiker ist abgebildet. In den Kontext dieser musikalischen Darbietung aus der Steinzeit gehören auch die Bilder von tanzenden Menschen, die sich mit ausgestreckten Armen umfassen. Zweifellos beziehen sich die dargestellten Szenerien auf kultisch-rituelle Handlungen, die innerhalb oder außerhalb der Höhlen vollzogen wurden. Diese Beobachtung ist für die Interpretation prähistorischer Höhlenmalerei allgemein von Bedeutung, wird der kultische Kontext doch meist nur vermutet, wo er hier mit ziemlicher Sicherheit nachgewiesen werden kann. Die Sanduhrtrommler sind in der Malerei dieser Region im Übrigen kein singulärer Fall. Sie finden sich auch in den Höhlen von Pachmarhi, 200 Kilometer von Bhimbetka entfernt. Doch sind die Tierbilder in der deutlichen Überzahl. Und so präsentiert sich dem Betrachter ein ganzes Panoptikum an Motiven, die für die Jäger und Sammler so bedeutend waren, dass sie sie an den Wänden von Bhimbetka verewigten. Sie finden sich überall in den verzweigten Gängen und Nischen der Höhlen und ergeben mitunter ganze Bilderzyklen. Aber auch lineare geometrische Zeichen sind zu bewundern.

## Ein Rundgang durch die Höhlen

Noch pilgern nicht so viele Gäste nach Bhimbetka, dass man befürchten muss, die Bilder könnten Schaden nehmen. Die Höhlen sind für Besucher gut vorbereitet. Sie werden durch 15 recht leicht begehbare Felsräume geführt, die einen authentischen Eindruck der Höhlenstruktur vermitteln. Schilder und Tafeln erläutern, was an den Wänden zu sehen und wie es künstlerisch und historisch einzuordnen ist.

Der Raum, den man zuerst betritt, ist der von Tieren wimmelnde Zoofelsen. Und auch beim weiteren Rundgang durch die Höhlen bleiben Tiere treue Begleiter – Bisons, Tiger, Löwen, Wildschweine, Antilopen, Hunde, Elefanten, Echsen, Krokodile. Dazwischen tauchen auch immer wieder Alltagsszenen auf: Menschen, die jagen, kochen, essen, kultische Handlungen vollziehen.

Auf dem sogenannten Zoofelsen wimmelt es von Tieren.

Das ganze Panorama wird eindrucksvoll unterstrichen durch die Felsformationen. Geologie und Kunst gehen hier eine Symbiose ein. Auch in Bhimbetka ist es den Künstlern gelungen, die Felsen in die Darstellungen zu integrieren, sie als einen Teil der Kunstwerke zu gestalten. Einige Räume, wie eben der Zoofelsen, haben die Forscher mit zutreffenden Namen versehen, die das Gebotene schlagwortartig charakterisieren. Das gilt auch für das Auditorium, einen großen Raum mit vier Zugängen, 39 Meter lang, vier Meter breit und 17 Meter hoch. Hier kann man sich mit etwas Fantasie gut vorstellen, wie sich die prähistorischen Menschen zu kultischen Versammlungen trafen und andächtig den Worten ihrer Priester oder Schamanen lauschten. Auch die Felsformationen regen die Fantasie an, so beim Schildkröten- und dem Pilzfelsen.

Die weitere Wanderung durch die Höhle gestaltet sich bunt und farbenfroh. Die Künstler hatten zu verschiedenen Zeiten bestimmte Vorlieben bei der Farbwahl. So wechseln Grün und Rot, Weiß und Gelb. Und immer wieder trifft man auf die vielfältige Tierwelt, auf Giraffen und Strauße, die es damals in Indien noch gegeben hat, auf Rehe, Pfauen, Skorpione und Katzen. Auch der Stil der Gemälde und die Maltechnik änderten sich im Laufe der Zeit. So lassen sich einzelne Perioden unterscheiden, die eine relative, aber auch eine absolute Chronologie ermöglichen. Die meisten Bilder weisen einen guten bis sehr guten Erhaltungszustand auf, weil sie in den Höhlen an geschützten Stellen angebracht wurden. Zu Beginn der Nutzung der Höhlen als Gemäldegalerie,

Trommler und Tänzer

etwa ab 12 000 v. Chr., malten die Künstler bevorzugt mit grünen und dunkelroten Farbtönen. Die häufigsten Objekte sind jagende oder tanzende menschliche Figuren. Die zweite Phase, zu datieren ab etwa 9500 v. Chr., weist neben den beliebten Tiermotiven weitere menschliche Gestalten auf, meist im Zusammenhang mit der Jagd. Klar zu erkennen sind bei diesen Bildern die Waffen – meist Speere, Stöcke, Pfeil und Bogen. Doch am meisten faszinieren die Darstellungen mitten aus dem Leben der Steinzeitmenschen. Sie tanzen und musizieren, feiern Gelage, tragen ihre Toten zu Grabe, Mütter kümmern sich um ihre Kinder, andere sind schwanger. Natürlich kann es auch sein, dass diese Motive einen kultischen Hintergrund haben und die Bilder Zeremonien und religiöse Feste einfangen, die den zentralen Aspekten des Daseins wie Werden und Vergehen, Geburt und Tod gelten. Doch wahrscheinlich waren Alltag und Religion für die damaligen Menschen keine voneinander getrennten Bereiche. Das gesamte Leben war kultisch und religiös durchdrungen, und die Feste und Zeremonien dienten dazu, die göttlichen Mächte zu beschwören, ihre Gunst zu gewinnen, sie zu bitten, die Familie und den Clan zu beschützen und sich um die Toten zu kümmern. Aus dieser zweiten Phase stammt eine merkwürdige Szene, deren Interpretation nicht eindeutig ist und die von Teilen der Forschung als ein Krieg zwischen drei verfeindeten Stämmen gesehen wird, von den Künstlern symbolisch durch tierische Totems dargestellt. Diese Deutung ist allerdings nicht über jeden Zweifel erhaben, es kann sich auch schlicht um eine Jagdszene handeln. Grundsätzlich aber können die Bilder thematisch in zwei Kategorien eingeordnet werden: einmal Bilder, die Jäger und Sammler zeigen, zum anderen waffentragende Krieger, die auf Pferden oder Elefanten reiten. Die Jäger stammen aus früheren, die Krieger aus späteren Phasen. Möglicherweise lässt sich daraus ableiten, dass Krieg und Kampf in dem Maße an Bedeutung gewannen, in dem die Ressourcen knapper und die um sie konkurrierenden Gruppen zahlenmäßig größer wurden. Die dritte Phase, die Kupfersteinzeit, beginnt nach 5500 v. Chr. Hier ist das Bildmaterial eher rar, dafür gibt es aufgrund von materiellen

## NATARAJA, DER TÄNZER

Eine besonders schöne Figur aus dem Panorama der Bhimbetka-Malereien ist eine äußerst beweglich erscheinende tanzende Figur mit einem Stab, der an einen Dreizack erinnert. Einer der Archäologen gab ihr den Namen Nataraja. Er ist in der Hindu-Religion eine Erscheinungsform des Gottes Shiva, des „Königs des Tanzes". Sein kosmischer Tanz ist die Quelle allen Lebens, Schöpfung, Zerstörung und Wiedererschaffung des Universums. Natürlich war Nataraja den Steinzeitmenschen noch unbekannt. Doch der poetische Name verleiht der unbekannten Gestalt eine ganz besondere Aura.

Funden in den Höhlen Hinweise auf wirtschaftliche Kontakte der Bhimbetka-Kultur mit anderen in der Umgebung lebenden Stämmen. Die Höhlen von Bhimbetka wurden auch über die Steinzeit hinaus als Treffpunkt und Schutzraum genutzt – und auch weiter, bis ins Mittelalter hinein, als Galerien. Nur dominieren jetzt nicht mehr die Tierdarstellungen, sondern neben menschlichen Gestalten die neuen Götter und die religiösen Vorstellungen aus dem Kosmos des Hinduismus und Buddhismus.

## Weitere Höhlenmalereien in Indien

Bhimbetka ist sicher die bedeutendste, nicht aber die einzige prähistorische Stätte in Indien, die beeindruckende Höhlenmalereien aufweist. Es ist sogar davon auszugehen, dass noch viele aufregende Stätten auf ihre Entdeckung warten, denn die Forschungen zur Steinzeit haben in Indien in den letzten Jahrzehnten viele Fortschritte gemacht. Sie reichen jedoch bisher nicht aus, um einigermaßen flächendeckend und systematisch vorzugehen. Sehr ergiebig scheint in dieser Hinsicht aber der Bundesstaat Madhya Pradesh zu sein, in dem auch die Höhlen von Bhimbetka liegen. Die dortigen Berge beherbergen mit den Höhlen von Pahargarh weitere Schätze der prähistorischen Höhlenmalerei. Das Dorf Pahargarh liegt rund 60 Kilometer von Morena entfernt. Diesen Platz wählten einst Steinzeitmenschen aus, um dort zu leben, zu jagen – und zu malen. Sie hinterließen mehr als 600 Bilder und Zeichnungen. So viele sind jedenfalls aktuell bekannt, aber es ist davon auszugehen, dass sie noch mehr Bilder produziert haben, die jedoch entweder im Laufe der Zeit verschwanden oder die noch auf ihre Entdeckung warten. Was bisher dokumentiert werden konnte, sind figürliche Malereien mit menschlichen und tierischen Gestalten, meist in weißer oder roter Farbe dargestellt. Die Radiokarbon-Datierung macht eine Entstehungszeit vor etwa 25 000 Jahren wahrscheinlich.

Seit Kurzem steht auch der Name Haryana ganz oben auf der Liste, wenn es um prähistorische Malerei in Indien geht. Dabei handelt es sich um einen Bundesstaat im Nordwesten Indiens. Bei der Stadt Faridabad kamen 2021 bei archäologischen Forschungen Hunderte steinzeitlicher Höhlenbilder zum Vorschein. Sie weisen ein beträchtliches Alter auf: Die bisherigen Berechnungen datieren ihre Entstehung ins Paläolithikum. Die zeitliche Spanne der chronologischen Interpretationen schwankt dabei zwischen einem Alter von 40 000 und 10 000 Jahren. Genauere Informationen sind von aktuell laufenden Untersuchungen und Analysen zu erwarten. Sicher ist aber, dass die Haryana-Bilder zu den ältesten künstlerischen Produktionen auf dem indischen Subkontinent gehören.

Auch an Kuriositäten mangelt es nicht, wenn von altindischer Höhlenmalerei die Rede ist. So geisterte vor einigen Jahren eine vermeintlich sensationelle Nachricht durch die internationale Presse. In einer Höhle nicht weit von Bhimbetka entdeckten Archäologen etwa 10 000 Jahre alte Felszeichnungen, die sie als Abbildungen von UFOs und außerirdischen Wesen identifizierten. Bekamen die steinzeitlichen Menschen vor vielen

Tausenden Jahren Besuch von Wesen aus dem All? Und haben sie diese mit Pinsel und Farbe auf ihre Felsen gebannt? Aufkeimende Hoffnungen von UFO-Fans und Utopisten müssen gleich wieder gedämpft werden. Man muss, so ist zu empfehlen, von dieser Vorstellung Abschied nehmen, denn die Wahrscheinlichkeit, dass sie reale Verhältnisse widerspiegelt, ist mehr als gering. Eher wäre es erstaunlich gewesen, wäre im Zusammenhang mit der prähistorischen Höhlenmalerei niemand auf die Idee gekommen, in den Bildern Aliens erkennen zu wollen.

Jagd einmal andersherum: Ein Bison attackiert einen Jäger.

# LA LÍNEA

## KARIBISCHES HÖHLENPARADIES

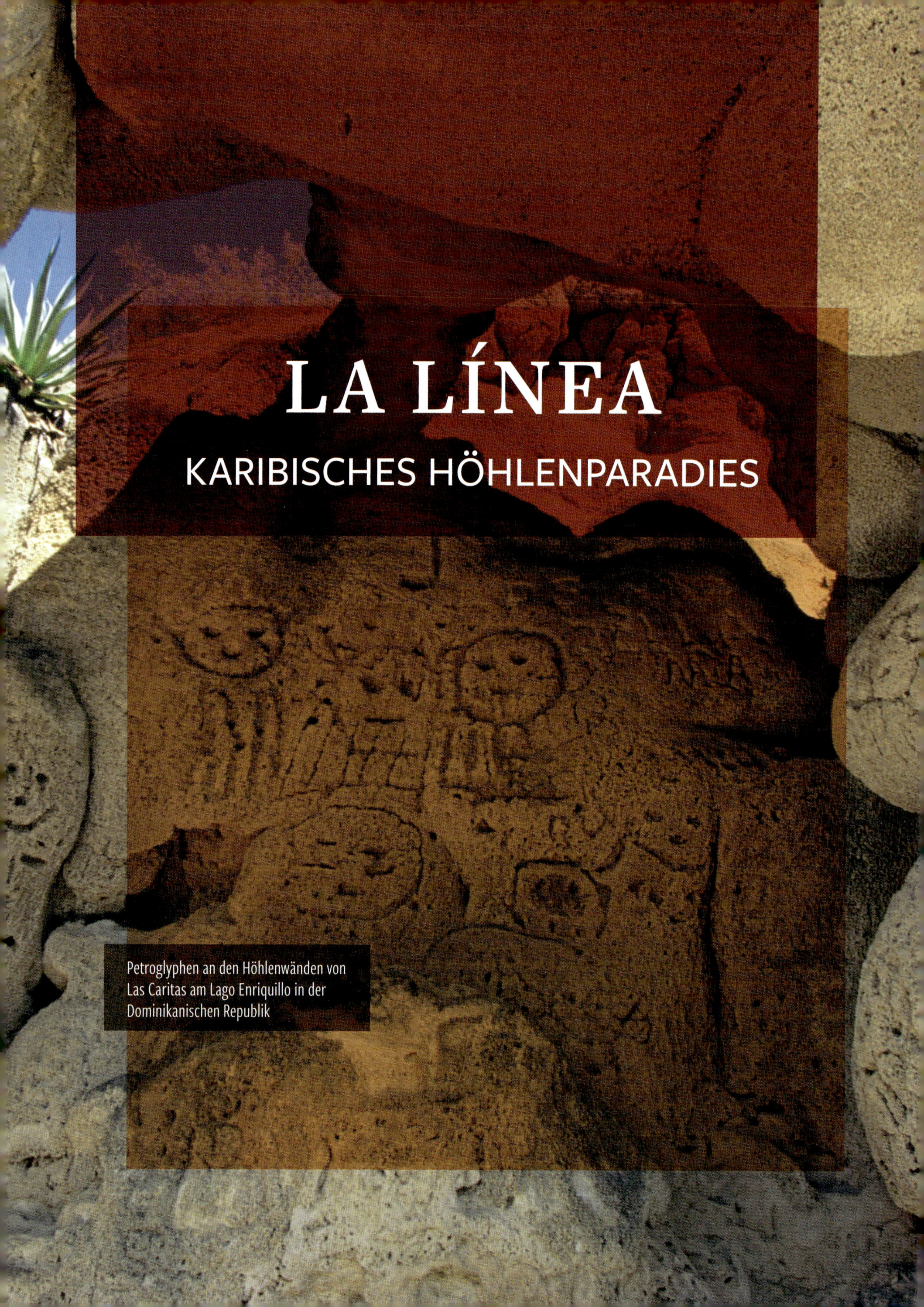

Petroglyphen an den Höhlenwänden von Las Caritas am Lago Enriquillo in der Dominikanischen Republik

Der 27. Februar 1844 war der Geburtstag der Dominikanischen Republik. An diesem Tag löste sie sich von Haiti und der spanischen Kronkolonie Santo Domingo. Seitdem teilt sie sich die Insel Hispaniola mit Haiti. Der Inselstaat präsentiert sich heute als karibisches Urlaubsparadies mit Traumstränden, Traumwetter und traumhaften, mit Korallenriffen ausgestatteten Unterwasserwelten, die zum Tauchen und Schnorcheln einladen.

Außerdem werben die Tourismusbehörden mit den großartigen Nationalparks. Deren Einrichtung, die von der Regierung seit den 1920er-Jahren konsequent betrieben wurde, hatte allerdings weniger wirtschaftliche als vielmehr ökologische Gründe. Denn rücksichtslose Abholzungen hatten dazu geführt, dass die einst prächtigen Wälder von der Bildfläche verschwanden. Das natürliche Gleichgewicht von Flora und Fauna drohte aus den Fugen zu geraten. So zog man die Notbremse, stellte Rodungen unter Strafe und schützte die Natur, indem man 13 Nationalparks und dazu einige besonders ausgewiesene Naturschutzgebiete gründete. Sie gehören zu den touristischen Attraktionen einer jeden Reise in die Dominikanische Republik, doch steht der Naturschutz über dem Kommerz: Nicht alle Gebiete der Nationalparks sind für Besucher zugänglich, und Besichtigungen sind nur auf geführten Touren möglich.

Die Dominikanische Republik ist aber nicht nur ein geschütztes Urlaubsparadies. Auch historisch und kulturell hat der Inselstaat einiges zu bieten. In der Geschichte gibt es eine deutliche Zäsur zwischen der Zeit vor und nach der Eroberung durch die europäischen Kolonialmächte, allen voran den Spaniern. Die Grenze liegt im 15. Jahrhundert, als Christoph Kolumbus 1492 in Hipaniola landete und damit die Eroberung Amerikas durch Europa einleitete. Hier trafen die Seefahrer auf indigene Völker, die von den europäischen Kolonisten mit dem Sammelbegriff Arawak bezeichnet wurden. Sie lebten in dörflichen Gemeinschaften und betrieben zur Sicherung ihrer Existenz überwiegend Landwirtschaft.

Zemis wurden in der Religion der Taíno magische Kräfte zugeschrieben.

## Wer waren die Taíno?

Einen Teil dieser großen Sprachfamilie der Awarak bildeten die Taíno. Ihre ursprünglichen Siedlungsplätze befanden sich wahrscheinlich im heutigen Venezuela. Um 800 sind sie auf den meisten Inseln Mittelamerikas zu finden, die sie offenbar sukzessive als neue Heimat wählten. Hier betätigten sie sich in erster Linie als Ackerbauern. Als Kolumbus und in dessen Gefolge die europäischen Eroberer kamen, waren die Taíno die Ersten, die von den neuen Herrschaftsverhältnissen direkt betroffen waren. Nach und nach wurden sie versklavt, viele starben an von den Fremden eingeführten Krankheiten, gegen die sie nicht immun waren. Am Ende des 16. Jahrhunderts war das Volk der Taíno, wie es in zeitgenössischen Quellen heißt, fast völlig ausgelöscht. Bei Kolumbus' Ankunft hatten hier etwa 300 000 Menschen gelebt. Neuere Genuntersuchungen haben allerdings den Nachweis erbracht, dass die Taíno nicht völlig verschwunden sind. Zu diesem Resultat führte der in einer Höhle gefundene Zahn einer Taíno-Frau auf den Bahamas, die dort gut 500 Jahre vor der Ankunft der Spanier lebte. Die Untersuchungen ergaben genetische Übereinstimmungen mit

Erbinformationen heutiger Bewohner auf der Karibikinsel Puerto Rico. Die Taíno haben also doch ihre Spuren hinterlassen und bestehen heute noch in karibischen Ethnien fort. Forscher konnten darüber hinaus Erkenntnisse über die Herkunft der Taíno präzisieren, indem sie feststellten, dass sie eng verwandt mit indigenen Kulturen aus dem nördlichen Südamerika waren, von wo aus sie die die Inselwelt der Karibik besiedelten.

Einiges ist auch über die Religion der Taíno bekannt. In dieser Hinsicht unterschieden sie sich insofern nicht von anderen indigenen Völkern in Mittel- und Südamerika, als sie bis zur Ankunft der Europäer lokale Götter verehrten. Diese hatten einen starken Naturbezug: Quellen, Flüsse und Haine wurden als Erscheinungsformen des Göttlichen angesehen. Aus der Reihe der Götter ragte der oberste Schutzgott Yucahú heraus. Um mit den Göttern in Kontakt zu treten, wurden Opferzeremonien veranstaltet, bei denen Drogen zum Einsatz kamen, die die Menschen in Trance versetzten. Außerdem hatten die Taíno rituelle Tänze in ihrem religiösen Repertoire. Eine wichtige Rolle im Kult spielten sogenannte Zemis. So bezeichneten die Taíno Gegenstände aus Holz, Stein oder Muscheln, die Götter darstellten oder denen man göttliche Qualitäten zuschrieb. Sie dienten als Amulette, ihnen wurden magische Kräfte zugeschrieben. Auch im Jenseitsglauben erfüllten sie eine wichtige Funktion, indem sie über die Seelen der Verstorbenen wachten.

Was die originäre Kunst der Taíno angeht, so sind nur wenige Artefakte erhalten geblieben. Vieles haben die Spanier zerstört, und die Taíno selbst errichteten keine steinernen Monumente, die die Zeiten hätten überdauern können. So ist man im Wesentlichen auf Relikte der Kleinkunst wie Ringe, Ketten oder sonstigen Schmuck und auf die erhaltenen Zemis angewiesen, um die Kunst der Taíno kennenzulernen.

Und natürlich gibt es die Petroglyphen, die Felszeichnungen der Taíno, die das karibische Urlaubsparadies auch zu einem Höhlenparadies machen. Die skizzierten Erkenntnisse über Kultur und Identität der Taíno können helfen, diese Zeichnungen historisch und künstlerisch einzuordnen und in ihrem Aussagegehalt zu interpretieren. Sie sind kein karibisches Lascaux oder Altamira – schon deswegen nicht, weil sie nicht aus der Steinzeit stammen, sondern viel jünger sind, nicht älter als 1500 Jahre. Doch gehören sie zu den frühesten künstlerischen Erzeugnissen aus der mittelamerikanischen Inselwelt und haben darum einen besonderen Wert.

## Höhlen in der Dominikanischen Republik

Eine dieser Höhlen aus der Dominikanischen Republik trägt den seltsamen Namen La Línea. Sie befindet sich im Nationalpark Los Haitises, der aus subtropischem Feuchtwald und ausgedehnten Mangrovenwäldern besteht. Die Bezeichnung Los Haitises ist einheimisch und bedeutet so viel wie „hügeliges Land“. Ein zutreffender Name, denn es gibt eine Vielzahl von Hügeln, die eine Höhe von bis zu 100 Metern erreichen und ein von unterirdischen und oberirdischen Landschaftsformen geprägtes Karstgebiet krönen. Früher wie heute ist dieses Areal aufgrund ergiebiger Regenfälle feucht und fruchtbar, und es haben sich zahlreiche unterirdische Flüsse gebildet.

Die Höhle La Línea gehört zu einem ganzen Höhlenkomplex im Nationalpark. Der Name ist nicht historisch, sondern im Gegenteil sehr neu. Er bedeutet „Bahnlinie“, eine alternative Bezeichnung lautet Cueva del Ferrocarril, „Höhle der Eisenbahnlinie“. Eine inzwischen stillgelegte Bahnlinie lief früher unmittelbar am Eingang der Höhle vorbei. Die Eisenbahn war nicht etwa dazu da, interessierte Besucher bequem bis zur Höhle zu befördern, vielmehr wurden mit ihr Bananen und Reis zur Verladung zu den Schiffen an der Küste transportiert.

Hunderte von den Taíno gezeichnete Bilder befinden sich in der Höhle. Aufgrund des sakralen Charakters der Stätte nennt man sie auch Cueva del Templo („Höhle des Tempels“). Es handelt sich bei den Gemälden um Zeichen, Linien und Bilder, die in den Fels graviert wurden. Insgesamt haben die Taíno zwischen dem 5. und dem 16. Jahrhundert 950 solcher Gemälde hinterlas-

Präkolumbianische Felsmalerei in der dominikanischen Höhle La Línea

sen. Sicher aber waren es einst mehr, viele dürften im Lauf der Zeit durch klimatische oder menschliche Einflüsse zerstört worden sein. Nicht alle Bilder sind in ihrer Bedeutung eindeutig bestimmbar. Auffällig sind schwarze Gestalten, die in einen kultischen Zusammenhang gehören dürften und in diesem Fall jene Zemis darstellen, die in der Religion der Taíno eine wichtige Rolle spielten. Die 650 Meter lange Höhle diente daher nicht nur als Schutzraum, sondern war, wie die Höhlen in Europa, Afrika und Asien, auch eine Stätte für kultische Veranstaltungen und Zeremonien.

Eine weitere, künstlerisch wichtige Höhle im Nationalpark Los Haitises ist die Cueva de la Arena („Höhle des Sandes"). Sie ist heute nur per Schiff erreichbar und hat eine Länge von 940 Metern, liegt direkt neben einem Strand und verfügt über fünf Zugänge. Gerüchten zufolge soll die Höhle früher Piraten als Unterschlupf gedient haben. Wer Seeschwalben und Fledermäuse liebt, kommt hier voll auf seine Kosten. Gleich am Anfang der Höhle gibt es die historischen Zeichnungen und Bilder der unbekannten Taíno-Künstler, wie die Bilder aus der Línea-Höhle Höhepunkte der präkolumbianischen Zeit (die Kunst der Karibik wird in eine Periode vor und eine Periode nach Kolumbus eingeteilt). Es gibt der Zeichen für einen Gegenstand oder eine Figur, sechs Petroglyphen und zwei Flachreliefs am Eingang, die wie menschliche Köpfe geformt sind. Wahrscheinlich handelt es sich bei ihnen um Götter oder Dämonen. Stilistisch sind sie frontal, mit einfachen Linien und eher schematisch gezeichnet. Gleiches gilt für eine Sammlung von Taíno-Bildern in einer Felsformation am Enriquillo-See an der Grenze zu Haiti. Sie befinden sich im Parque Nacional Isla Cabritos. Für diese Petroglyphen hat man die einleuchtende Bezeichnung Las Caritas („Die Gesichtchen") gefunden. Man nennt den Ort auch Trono de Enriquillo („Thron des Enriquillo"), in legendärer Erinnerung an den Führer der Taíno, der von hier aus Widerstand gegen die spanischen Conquistadores organisiert haben soll.

## ERFINDER DER HÄNGEMATTE

Zu den kulturellen Hinterlassenschaften der Taíno gehören nicht nur ihre Höhlenmalereien. Sie können für sich auch das Verdienst in Anspruch nehmen, die Hängematte erfunden zu haben – oder zumindest sind sie es gewesen, die diese schaukelnde Liegemöglichkeit populär gemacht haben. Als Christoph Kolumbus 1492 Amerika entdeckte, fand er bei den Taíno, dem ersten indigenen Volk, auf das er traf, eine solche praktische Vorrichtung zum Ausruhen. Die Taíno, so vermerkte er in seinem Notizbuch, schlafen in einem „hängenden Netz aus Wolle". Er kannte auch den Taíno-Namen für die Hängematte: Die indigenen Nutzer nannten sie „hamáca". Dieser Taíno-Begriff stand auch Pate bei der Übertragung ins Deutsche. Im 16. Jahrhundert, als die Kunde von der „hamáca" nach Europa drang, machten die Deutschen daraus „Hamach", woraus später wiederum der noch heute geläufige Name „Hängematte" wurde.

## Weitere karibische Höhlen

Die indigene Bevölkerung Süd- und Mittelamerikas war nicht nur in der heutigen Dominkanischen Republik künstlerisch aktiv. Auch an zahlreichen anderen Orten wurden inzwischen Höhlen mit Gemälden und Zeichnungen entdeckt.

Ein herausragendes Beispiel ist das Panorama der Sterne und Planeten von Bonaire. Die Insel der Kleinen Antillen gehört heute noch politisch zu den Niederlanden. Doch die Bilder produzierten die Vorfahren der indigenen Arawak an einer Felsendecke. Sie zeugen von intensiver Beobachtung des Himmels und entwickelten astronomischen Kenntnissen.

Seit 2020 kann auch Kuba mit einem neuen Beitrag zur prähistorischen Höhlenmalerei aufwarten. Schon vorher war bekannt, dass das Land über zahlreiche Bilder aus der Steinzeit verfügt. Bereits 1839 war eine erste dieser Höhlen wissenschaftlich untersucht und der Bericht darüber publiziert worden. In der Provinz Pinar del Río wurde nun in einer der Höhlen der Sierra del Infierno Erstaunliches entdeckt: 14 Gruppen von Wandmalereien mit geometrisch angelegten Zeichen kamen in einer Höhle zum Vorschein, die zwar schon registriert war, allerdings nur von den Menschen aus der Umgebung, nicht von der Wissenschaft. Die Forscher stießen eher zufällig auf den Eingang zu dieser Höhle, als sie eigentlich dabei waren, den Zugang zu einer anderen Höhle zu erkunden. Umso überraschter waren sie, als sie die Piktogramme wahrnahmen. Von den Gruppen, die sie identifizierten, befinden sich zwei auf knapp vier Meter langen, schwarz bemalten Flächen an der Wand – also sehr gut sichtbar. Stilistisch bieten die Bilder Motive, die von den karibischen Künstlern überhaupt favorisiert wurden: weniger Abbildungen von Menschen oder Tieren, stattdessen geometrische Zeichen und Muster mit parallelen Linien, Dreiecken und Vierecken (diese stellen teilweise einfache Figuren dar). Auch Petroglyphen gehörten zum Repertoire der Künstler. Sie entstanden hier wie anderenorts durch Einschnitte auf einer Fläche des Felsens, die zuvor entsprechend bearbeitet worden war.

Puerto Rico heißt wörtlich „reicher Hafen" und ist das größte Außengebiet der USA. Die Karibikinsel könnte aber auch „reiche Höhle" heißen, wenn man die Kultur- und Kunstgeschichte in den Fokus rücken würde. Zahlreiche Höhlen mit Malereien aus verschiedenen Jahrhunderten zeugen davon, dass es hier zu allen Zeiten eine sehr aktive Kunstszene gegeben hat. Insgesamt sind bis heute 300 Höhlen bekannt, die meisten mit Bildern geschmückt. Historisch hatte Puerto Rico ein ähnliches Schicksal wie die Dominikanische Republik. Zunächst war die Insel Heimat indigener Völker. Auch hier siedelten und lebten die Taíno. 1493 kam mit Kolumbus die Zäsur, nun strömten die europäischen Eroberer ins Land, allen voran die Spanier. Die Taíno wurden versklavt und getötet, und der geringe Rest verließ die Insel. Zuvor hatten sie künstlerisch der Insel ihren Stempel aufgedrückt, mit Malereien, aber auch anderen Objekten wie Amuletten, Götterfiguren

# HÖHLE DER HÄNDE

## ARGENTINISCHE STEINZEITKUNST

Rund 800 Handabdrücke wurden in der „Cueva de las Manos“ verewigt.

und anderen Motiven. Die Malereien der Taíno finden sich heute noch in zahlreichen Höhlen auf der Insel. Sie bedienten sich dabei der üblichen historischen Techniken: Zum einen wurden die Bilder in den Fels geritzt, zum anderen wurde mit unterschiedlichen Stoffen Farbe aufgetragen.

Forscher der Universität von Puerto Rico haben nun die Farbbilder einer näheren Untersuchung unterzogen. Insbesondere ging es bei den Analysen um eine präzisere Bestimmung von Datierung und Chronologie. Dabei verwendeten sie die in der Höhlenmalereiforschung etablierte Methode der Altersbestimmung mittels der Radiokarbondatierung (C14), die für die Erfassung organischer Stoffe die sicherste Vorgehensweise darstellt. In elf Höhlen wurde Material gesammelt, das bei der Farbgebung verwendet worden war. Dabei konnten die Forscher eine weite Zeitspanne feststellen, innerhalb derer die Bilder gemalt wurden. Steinzeitliche Darstellungen gibt es hier, wie in den anderen Karibikgebieten, nicht, weil die Besiedlung nicht vor 2000 v. Chr. einsetzte. Die frühesten Piktogramme stammen der C14-Analyse zufolge aus der Zeit zwischen 700 und 400 v. Chr. Eine zweite künstlerisch wertvolle Periode umfasst die Phase zwischen 200 und 400 n. Chr. Zu konstatieren ist eine größere Sicherheit und ästhetische Versiertheit bei der figürlichen Gestaltung menschlicher oder menschenähnlicher Körper. Ab 700 wurde dann die Hochzeit der vorkolumbianischen Kunst eingeläutet: die Bilder von Menschen und Tieren sind sehr detailliert und auch die Artenvielfalt nimmt bei den Tieren deutlich zu.

Die Ankunft der Europäer um 1500 bedeutete nicht das Ende der Höhlenmalerei, jedenfalls nicht in Puerto Rico. Tatsächlich haben auch die Kolonisten gemalt, und dies sogar mit einiger Qualität. Zu ihren Lieblingsbildern zählten Schiffe und Pferde. Und sie malten auch einen Löwen, der den Forschern einiges Kopfzerbrechen bereitet. Denn zu datieren ist er genau um die Zeit nach 1500. Der König der Tiere gehörte nun aber zu keinem Zeitpunkt zur Tierwelt Puerto Ricos, auch nicht in der Zeit vor der Ankunft der Conquistadoren. Wer aber konnte um 1500 Löwen kennen, und zwar so gut, dass man sie zu zeichnen in der Lage war? Die mit dieser Frage befassten Wissenschaftler denken an Sklaven aus Afrika als Vermittler. Als ein düsteres Kapitel der Kolonialgeschichte Puerto Ricos hatten die europäischen Eroberer als Ersatz für die Taíno billige Arbeitskräfte aus Afrika geholt, zu deren Lebenswelt der Löwe nun eindeutig gehörte. Eine einleuchtende Erklärung, wie man zugeben muss. Gerne hätte man für die Interpretation rätselhafter Motive in der steinzeitlichen Malerei eine ähnlich günstige Argumentationslage. Doch in der Prähistorie ist man aufgrund der schwierigen Quellenlage mehr auf Hypothesen Spekulationen angewiesen – was wiederum auch reizvoll sein kann.

Auch auf der puerto-ricanischen Isla de Mona haben die Taíno ihre Spuren hinterlassen.

Tiere, Menschen, Symbole, Zeichen aller Art – mit diesen Motiven bemalten die steinzeitlichen Künstler die Wände von Höhlen. Und auch für Hände hatten sie ein Faible. Sie begegnen in verschiedenen Höhlen auf verschiedenen Kontinenten. In Europa sind dafür die Höhlen von Chauvet in Frankreich und El Castillo in Spanien herausragende Beispiele. Aber sie gehörten auch zum Repertoire prähistorischer Künstler in Südamerika. In Argentinien hat man gleich eine ganze Höhle nach den Händen benannt, die in großer Zahl auf den Fels gemalt wurden. Cueva de las Manos („Höhle der Hände") nennen sie die Einheimischen, und dieser Name hat sich inzwischen auch in der Wissenschaft etabliert. Sie liegt im Südwesten des Landes, im Norden der Provinz Santa Cruz. Mehr als 800 Menschen haben in dieser Landschaft, die die spanischen Conquistadoren Patagonien getauft haben, mit ihren Händen die Spuren ihrer Existenz hinterlassen.

## Lage und Entdeckung

Bis 1941 wusste niemand, dass es in Argentinien eine so bedeutende Höhle mit so eindrucksvollen Bildmotiven gibt. In jenem Jahr, als in Europa, Asien und Afrika der Zweite Weltkrieg tobte, entdeckte ein ansonsten unbekannter Mönch namens Alberto M. de Agostini die Höhle, die im Vergleich zu anderen Grotten von eher eine Minihöhle ist: Sie ist gerade einmal 20 Meter tief, zehn Meter hoch und 15 Meter breit. Verlaufen kann man sich in ihr jedenfalls nicht. Und doch muss der Ort für die damaligen Menschen eine besondere Bedeutung gehabt haben, wenn sie sich als Rahmen für ihre künstlerische Betätigung eine solch kleine Höhle aussuchten. Keine Kathedrale war gefragt, sondern ein bescheidenes Heiligtum – wenn man davon ausgehen darf, dass auch diese Höhle, worauf einiges hindeutet, kultischen Zwecken diente. Der Mönch de Agostini war ein vorausschauender, zugleich technisch versierter Mann und sorgte für die erste fotografische Dokumentation der Höhlenbilder. Bald darauf begann die wissenschaftliche Erforschung durch Prähistoriker, Archäologen und Geologen.

Landschaftlich befindet sich die Höhle der Hände in einer eher kargen Region, in einem hügeligen Meseta-Gebiet (Spanisch für Hochebenen) mit Steppencharakter. Sie liegt in einer Schlucht des Flusses Río Pinturas. Vor 40 000 Jahren haben die Fluten hier einen Canyon geformt, der eine Tiefe von bis zu 100 Metern erreicht. Die Menschen, die diesen Ort vor 9000 Jahren in Besitz nahmen, waren, so ist anzunehmen, nicht in erster Linie von der atemberaubenden Landschaft fasziniert. Sie hielten sich vielmehr an eine viel befolgte Regel: Hügel und Flüsse waren beliebte topografische Merkmale, wenn man sich an einem Ort niederlassen wollte. Ein solche Umgebung bot Schutz, Wasser und Fruchtbarkeit. Und wenn sich in der Nähe eine Höhle befand, so wurde diese Teil des sozialen, wirtschaftlichen und kultischen Lebens. Das heißt: Priorität hatte nicht die Höhle, sondern eine passende Umgebung. Eine Höhle, die Schutz bot, war eine willkommene Zugabe. Ganz sicher gab es hier ergiebige Jagdgründe. Dies stand für die Menschen der Steinzeit ganz oben auf der Agenda. Dafür spricht auch der Umstand, dass es neben der Höhle der Hände in der unmittelbaren Umgebung weitere Grotten gibt, die von den Steinzeitmenschen genutzt und ebenfalls mit Malereien und Zeichnungen versehen wurden.

Nach der Entdeckung durch den Mönch starteten bald archäologische Untersuchungen, bei denen sich besonders Carlos J. Gradin hervortat. Unter den argentinischen Prähistorikern gehörte er zu den absoluten Koryphäen. 1964 begann er mit den Arbeiten in der Hände-Höhle und den umliegenden Höhlen, sie dauerten insgesamt 30 Jahre. Belohnt wurden die Bemühungen um Erforschung und Präsentation der Höhlenschätze 1999 mit der Verleihung des Titels UNESCO-Kulturerbe. Das meiste, was heute über die Höhle der Hände bekannt ist, ist den Forschungen Gradins und seines Teams zu verdanken.

Tiere, Handabdrücke und abstrakte Zeichen zieren diese Höhlenwand.

Die Höhle der Hände gehört von der Datierung der Malereien her in eine späte Phase der prähistorischen Kunst. Die künstlerische Produktion begann um 7300 v. Chr., und sie währte gut sechs Jahrtausende, bis etwa 1000 v. Chr. Einige „Nachzügler" stammen aus den ersten nachchristlichen Jahrhunderten. Dass die Abbildungen zu unterschiedlichen Zeiten entstanden, ist auch an der Färbung zu erkennen. Die älteren sind bereits verblasst, die jüngeren erscheinen noch kräftig und deutlich.

## Ungewöhnliche Platzierung

Anders als sonst üblich befinden sich die Hände nicht innerhalb, sondern außerhalb der Höhle, direkt vor dem Eingang, auf Felsplatten und -wände gemalt. Dieser Umstand lässt viel Spielraum für Interpretationen, die über die bisher vorgebrachten Thesen zur Funktion der Handmalereien hinausgehen. Oben wurde in Zusammenhang mit El Castillo aufgezählt, welche Optionen in der Forschung diskutiert werden. Für diese liefert die Höhle der Hände weiteres Material: Die Handdarstellungen sind im Kontext der Lebenswelt der steinzeitlichen Jäger zu sehen. Die Hände waren so etwas wie ihre Autogramme und dienten als Dokumentation einer erfolgreich verlaufenen Jagd. Dabei waren es entweder die Jäger selbst, die ihre Abdrücke an den Felswänden anbrachten, oder es handelte sich um die Signaturen der Künstler, die in oder vor den Höhlen die Jagdszenen malten. Erwogen wird auch, ob die Handabdrücke etwas mit der Entwicklung des Menschen zu tun haben. Womöglich dokumentieren sie eine Stufe, in welcher der Homo sapiens die Hand als Werkzeug kreativen Schaffens entdeckte. Dieser Fortschritt wird auf der Felswand, der Projektionsfläche seiner künstlerischen Fähigkeiten, festgehalten.

In dem Maße, in dem Höhlenmalerei neuerdings mit steinzeitlicher Magie in Verbindung gebracht wird, gewinnt die These immer mehr Anhänger, bei den Händen sei Schamanismus im Spiel gewesen. Die Hand verschwindet symbolisch in der Felswand, die als Übergang von der diesseitigen zur jenseitigen Welt gilt. Dort sind die Geister zu Hause, die zu beschwören Aufgabe des steinzeitlichen Schamanen war.

Oder ist alles viel unkomplizierter? Es gibt auch Stimmen in der Forschung, die die Handabdrücke gewissermaßen für ein Spiel halten, dass sich die Menschen einen Spaß daraus machten, sich in den Felsen zu verewigen, so, wie auch heute noch Touristen gerne ihre Anwesenheit an einem bestimmten Ort dokumentieren.

In der argentinischen Höhle der Hände sind diese Hände auf den Felsen vor der Höhle und nicht in der Höhle angebracht worden. Spricht das für oder gegen eine oder mehrere der vorgetragenen Theorien? Die Schamanen-Option dürfte ausscheiden. Warum sollen heilige Handlungen außerhalb des Heiligtums vollzogen worden sein? Auch die Jagdtheorie hat hier nicht viel für sich. Die Bilder, die Jagdtiere und -szenen zeigen, befinden sich üblicherweise ebenfalls innerhalb und nicht außerhalb der Höhle. Bleibt die anthropologisch bedingte Betonung der Hand und die Dokumentation der Anwesenheit. Hier lässt sich keine Entscheidung treffen, beides ist denkbar. Doch vielleicht verhält es sich noch ganz anders? Man darf gespannt sein, welche neuen Erkenntnisse oder Hypothesen die Wissenschaft zukünftig gewinnt.

Eine Hilfe zur Beantwortung dieser Fragen könnte die Tatsache liefern, dass in der Höhle der Hände die meisten Abdrücke von linken Händen stammen. 31 sind rechte Hände, die weit überwiegende Mehrzahl – knapp 800 – linke. Wenn man nicht annimmt, dass es bei den damals dort lebenden

Jagdszene mit Guanakos und Menschen

Menschen überdurchschnittlich viele Linkshänder gegeben hat, muss dies eine besondere Bedeutung haben. Weiterhin könnte die Beobachtung helfen, dass fast alle Hände ungefähr die gleiche Größe aufweisen und wohl eher von jüngeren Menschen stammen. In diesem Fall kann man vermuten, dass es sich um eine Art Initiation gehandelt hat: Junge Menschen wurden kultisch oder sozial in die Gruppe der Erwachsenen aufgenommen. Auffällig ist außerdem, dass die Hände nicht nebeneinander angeordnet sind, sondern auf wenigen Quadratmetern übereinander und einander überlappend platziert sind. Eine weitere Besonderheit besteht darin, dass es keine fragmentierten Hände gibt, bei denen wie in anderen Höhlen, etwa in El Castillo, einzelne Finger oder Fingerkuppen fehlen. So gab es bei den prähistorischen Kulturen, die ihre Abdrücke auf dem Fels der Höhle der Hände hinterließen, offenbar nicht jene magisch-ritualisierten Praktiken, auf die sich diese unvollständigen Handabdrücke zurückführen lassen könnten.

Grundsätzlich gibt es in der steinzeitlichen Kunst zwei Arten, Handabdrücke auf den Fels zu bannen: entweder als positiven oder als negativen Abdruck. Bei dem mehrheitlich gewählten Verfahren des negativen Abdrucks legten die Menschen ihre Hände auf die Höhlenwand und sprühten darüber entweder mit dem Mund oder einem Blasrohr die Farbe. Wissenschaftler sprechen in diesem Zusammenhang auch gerne von der Geburtsstunde der Airbrushtechnik. Alternativ konnte ein positiver Abdruck geschaffen werden, indem man Farbe auf die Hand auftrug und sie dann gegen die Wand presste. Der negative Abdruck ist unschwer daran zu erkennen, dass die so produzierten Handabdrücke weiß sind. Für die Herstellung der Farben, nicht nur für die Hände, sondern auch für die übrigen Wandmalereien, wurden Gips und Eisenoxid verwendet, daneben auch Pflanzen, Beeren, Fett und tierische Substanzen.

Die Einteilung der Funde aus der Hände-Höhle und den benachbarten Höhlen in drei Gruppen geht auf Carlos J. Gradin zurück. Kriterien der Kategorisierung sind dabei die Qualität der Malerei, stilistische Merkmale, die Chronologie und die dargestellten Motive.

## CLOVIS-KULTUR

Die Chronologie der Funde aus der Höhle der Hände und benachbarten Höhlen ist in der Forschung nicht unumstritten. Einige Wissenschaftler gehen von einer Nutzung der Höhle nicht erst ab 7300, sondern bereits ab 13 000 v. Chr. aus. Hintergrund ist die Kontroverse um die sogenannte Clovis-Kultur. Der Name stammt von einer archäologischen Fundstelle im US-Bundesstaat New Mexico. Hier wurden 1937 erstmals die für diese Kultur charakteristischen Projektilspitzen aus Feuerstein entdeckt. Sie wurden ins 12. und 11. Jahrtausend v. Chr. datiert. Von diesen Befunden wird die Theorie abgeleitet, dass die amerikanischen Kulturen von der Kultur abstammen, die diese Waffen und andere hochwertige Gegenstände produziert hat. Inzwischen wird die Datierung vielfach angezweifelt, ebenso, dass die Clovis-Kultur einen lange andauernden Einfluss auf die amerikanischen Kulturen hatte. In diesem Zusammenhang wurde auch die bis dahin etablierte Chronologie der Funde aus der Hände-Höhle infrage gestellt. Sie würde dann ebenfalls für eine frühere Einwanderung vor-amerikanischer Völker sprechen. Ein ähnlicher Befund wurde in der Caverna da Pedra Pintada in Brasilien erhoben.

Zu der ersten Gruppe zählte Gradin jene Kunstwerke, die er für die bedeutendsten hielt. Sie bestehen in erster Linie aus Jagdszenen, an denen Menschen und Guanakos beteiligt sind. So heißen die Kamele im westlichen und südlichen Südamerika, die als Vorfahren der Lamas gelten. Die Menschen sind kleiner dargestellt als die Tiere, und sie wirken durch die Maltechnik außerordentlich beweglich. Die gewählten Farben sind Schwarz, Ockergelb, Rot und Violett. Die Bilder entstanden bald, nachdem die Jäger und Sammler die Höhle in Besitz nahmen, also um 7300 v. Chr.

Die zweite Gruppe bilden menschliche Gestalten und diverse Tiere – Guanakos, Rheas, Katzen – in den dominierenden Farben Schwarz und Violett. Dazu kommen abstrakte Zeichen und Symbole in Form von Kreisen, Spiralen und Punkten, auch einzelne Handabdrücke. Die Bilder entstanden etwa um 5000 v. Chr., ihre Produktion erstreckte sich bis etwa 1300 v. Chr.

In die dritte Gruppe fügten die Forscher die besagten, für die Gegend typischen Handabdrücke ein, dazu menschliche Gestalten, die mit leuchtend rotem Pigment gemalt wurden. Ferner tauchen abstrakte geometrische Darstellungen in überwiegend schwarzer Färbung auf. Dieser Stil hielt sich bis nach der Mitte des ersten Jahrtausends n. Chr., zwischen 500 und 700 n. Chr.

Im Gegensatz zu vielen europäischen Kostbarkeiten der steinzeitlichen Kunst kann die Höhle der Hände heute besichtigt werden, allerdings nur in geführten Gruppen von maximal 20 Personen. Auch hier gilt: Der Mensch ist der Feind der Steinzeitkunst, denn sein Atem und sein Schweiß schaden den Kunstwerken. Manche Besucher scheuen sich auch nicht vor Vandalismus: So zeugen abgebrochene Wandteile davon, dass Touristen keine Hemmungen hatten, die kulturhistorisch so bedeutsamen Bilder als Souvenirs mit nach Hause zu nehmen. Vor Kurzem wurden deshalb Maßnahmen ergriffen: In zwei bis drei Metern Entfernung zu den Bildern wurden Metallgitter installiert, die einen zu engen Kontakt der Besucher mit den Kunstwerken verhindern. Ein ungetrübtes Vergnügen ist die Betrachtung der Höhlenmalereien seitdem nicht mehr, doch ist dies der Preis dafür, dass man den Menschen die Schätze des Weltkulturerbes nicht vorenthalten will. Das Areal um die Höhle wurde 2020 auf Initiative der argentinischen Umweltorganisation „Rewilding Argentina" zum Schutzgebiet erklärt.

Die Natur hat es dafür mit der Höhle der Hände gut gemeint. Sie befindet sich gut geschützt unter einem Felsvorsprung, der vor Sonne und ungünstigen Witterungseinflüssen Schutz bot. Das hat wesentlich zu dem ausgezeichneten Erhaltungszustand der Bilder beigetragen. Günstig wirkt sich auch die geringe Menge an Niederschlägen aus: Pro Jahr fallen hier im Durchschnitt nicht mehr als 200 Millimeter Regen.

## Weitere Höhlen in Südamerika

In der Umgebung der Hände-Höhle gibt es eine Reihe weiterer Höhlen, die davon zeugen, dass die Landschaft um den Río Pinturas im Neolithikum zu den bevorzugten Jagd- und Siedlungsgebieten gehörte. Sie entwickelten hier ein Netzwerk der Kommunikation und der sozialen und wirtschaftlichen Beziehungen. Auch sonst gibt es in Südamerika einige Höhlen, die zu den Juwelen steinzeitlicher Höhlenmalerei gehören und deren Bildprogramm von der qualitativ durchaus mit europäischen Fundplätzen mithalten kann.

So gibt es im äußersten Südosten Perus, in den westlichen Anden, die Toquepala-Höhle. Sie befindet sich inmitten eines Erztagebaugebietes. Möglicherweise haben auch die Steinzeitmenschen hier Metalle für ihre Waffen und sonstigen Geräte gewonnen. Es ist jedenfalls dem modernen Unternehmen zu verdanken, dass die Höhle 1963 entdeckt wurde. Die South Peru Copper Corporation stieß bei ihren Arbeiten auf die Höhle bzw. auf den Höhlenkomplex von Toquepala und finanzierte in den folgenden Jahren dessen Erforschung. Ein Engagement, das sich lohnte: Zutage traten mit Wandmalereien reich ausgestattete Grotten. Sie sind etwa 10 000 Jahre alt und zeigen im Wesentlichen Jagdszenen. Wie in der Höhle der Hände stehen bei den Jagdtieren die Guanakos im Mittelpunkt. Die Jäger bedienen sich dabei einer Jagdmethode, die als „Chaco“ bezeichnet wird: eine Art Treibjagd, bei der die Tiere zusammengetrieben und anschließend erlegt werden. Die Waffen der Jäger bestehen aus Äxten, Lanzen und Speeren. Pfeil und Bogen gehören nicht dazu. Als Farben wählten die Künstler Rot, Gelb und Grün.

Zu den südamerikanischen Vorzeigehöhlen gehört auch die Caverna da Pedra Pintada („Bemalte Felshöhle“) im nördlichen Brasilien. Radiokarbon- und Thermolumineszenz-Untersuchungen ergaben eine Datierung von etwa 11 200 bis 10 000 Jahren vor heute. Darüber wird heute noch gestritten, weil auch diese Höhle in der Diskussion um die Besiedlung Amerikas eine Rolle spielt (siehe die Info-Box). Die Malereien gelten auf jeden Fall als die frühesten Höhlenbilder in Südamerika und Amerika überhaupt. Zu den Motiven zählen eine Frau, die ein Kind zur Welt bringt, Tiere, geometrische Figuren und Handschablonen in brauner, roter und gelber Farbe.

Felsmalerei in der brasilianischen Caverna da Pedra Pintada

## Bildnachweis

**akg-images:** 2 (Science Source), 8 (Heritage Images/Fine Art Images), 10/11 (André Held), 12 (Science Photo Library), 14 (World History Archive), 17 (De Agostini Picture Library), 18/19 (Bildarchiv Steffens), 21 (World History Archive), 22 (World History Archive), 24 (André Held), 27, 28/29 (André Held), 33 (André Held), 36 (André Held), 37 (André Held), 42 (Glasshouse Images/JT Vintage), 44/45, 46/47 (Heritage Images/Fine Art Images), 60 (Philippe Psaila/Science Photo Library), 62 (Philippe Psaila/Science Photo Library), 66 (Photos From History), 68 (Science Photo Library), 72/73 (Heritage Images/Index), 76 (André Held), 79 (Science Photo Library/Javier Trueba/msf), 81 (Jürgen Sorges), 82/83 (Jürgen Sorges), 84/85 (Jürgen Sorges), 97 (Jürgen Sorges), 131 (Manuel Cohen), 139 (Science Photo Library) – **picture-alliance:** 16 (Zoonar/Nando Lardi), 31 (ANE), 34 (dpa/Pedro Saura), 38/39 (dpa/Rodrigo De Balbin Behrmann), 48 (Reuters/Regis Duvigneau), 49 (Leemage), 50 (World History Archive), 52 (ZUMAPRESS.com/Laurent Coust), 55 (dpa/MAXXPPP/Valerie Vrel), 56/57 (Hans Lucas/Laurent Le Crabe), 58 (ZUMAPRESS.com/Laurent Coust), 63 (dpa/afp Clottes), 64/65 (dpa/Gerd Roth), 70 (Zoonar/Bertomeo Balaguer Rotger), 74 (Cover Images/Neanderthal Museum Mettmann), 78 (ImageBROKER/Christian Handl), 87 (ZB/Thomas Schulze), 89 (ImageBROKER/Christian Handl), 90/91 (Design Pics/Dosfotos), 93 (Dorling Kindersley/Sally Gable, Christopher Gable), 94 (africamediaonline/Roger de la Harpe), 96 (United Archives/91070), 98 (dpa/Dr. Aron Mazel), 100/101 (africamediaonline/Roger de la Harpe), 102 (robertharding World Imagery), 104 (ZB/Matthias Toedt), 114 (ImageBROKER/F. Schneider), 115 (ZB/Matthias Toedt), 117 (ZB/Matthias Toedt), 118/119 (ZB/Matthias Toedt), 120 (ZB/Matthias Toedt), 124 (Zoonar/Realityimages), 125 (Tony Waltham/robertharding), 126/127 (Zoonar/Realityimages), 129 (Zoonar/Realityimages), 130 (Dumont Bildarchiv), 133 (Reinhard Dirscherl), 136 (ImageBROKER/Christian Handl), 138 (robertharding/Karol Kozlowski), 141 (dpa/Rodney Costa) – **Wikimedia Commons:** 6 (Basran Burhan), 26 (AVANTI), 41 (Luisxo), 54 (Georges Seguin), 71 (Tylwyt Eldar), 122 (Bernard Gagnon), 135 (Serge Aucoin)

## Der Autor

Dr. Holger Sonnabend, Jahrgang 1956, ist Professor für Alte Geschichte an der Universität Stuttgart und Mitglied in verschiedenen wissenschaftlichen Organisationen. Daneben ist er als Berater für historische Ausstellungen tätig, leitet Studienreisen im Mittelmeerraum, hält Vorträge und ist ein gefragter Experte für die antike Welt.

## Impressum

Bibliografische Information der Deutschen Nationalbibliothek
Die Deutsche Nationalbibliothek verzeichnet diese Publikation in der Deutschen Nationalbibliografie; detaillierte bibliografische Daten sind im Internet über http://dnb.d-nb.de abrufbar.


Asternplatz 3, 12203 Berlin
post@bebraverlag.de
Lektorat: Tanja Krajzewicz, Berlin
Umschlag: typegerecht berlin (Titelbild: © Science Photo Library/akg-images)
Gestaltung und Satz: Mario Zierke, Berlin
Druck und Bindung: DZS, Lubljana
ISBN 978-3-89809-237-1

www.bebraverlag.de

MIX
Papier | Fördert gute Waldnutzung
FSC® C106600